如何撒嬌
讓生命更精彩的秘密

序
不會撒嬌，是非常嚴重的問題！

「不會撒嬌」的問題，在人際關係跟兩性方面的影響力太巨大了。

以人際關係上來說，一般的社交跟一般的生活都需要「撒嬌」這個能力。不管對家庭、朋友、公司同事，也許在意義上、層次上是不一樣，可是形式是一樣的。

會撒嬌跟不會撒嬌所造成的結果，簡直是天壤之別。

不會撒嬌的人，吃虧的程度簡直大到讓你難以想像，數都數不完。只要你會撒嬌、撒得好，不管走到哪兒都吃香喝辣，不管遇到什麼事都會逢凶化吉一樣神奇。

不會撒嬌比較吃虧的理由，在於這些人相較之下比較嚴肅，會撒嬌的人看起來就是比較可愛；光是這一點，對於溝通上的人際關係就有很大的差別。

尤其是女人，就算她很能幹，但她老公寧願在外面找其他會撒嬌的女人，也不會想跟她在一起。因為女人不會撒嬌，柔軟度就一定不夠，像沒有彈性的球，不會彈跳。

我觀察了很久，很多人在生活上一直沒有辦法進入狀況——就像聽音樂，如果有進入狀況，很容易會被感動。可是，有很多人是進入不了狀況的！你聽音樂，感覺非常快樂，但對他來說是沒任何感覺的。

意思就是說，你跟他是兩個不同的世界。

再用一個更簡單的比喻，就像是潛水或游泳，有一種人永遠不入水，他就不會知道進到水裡是什麼感覺。有一種人可以潛水、可以游泳、可以漂浮，他可以潛進海洋去看魚，那就是另一個世界。

我個人認為，生活就像是在水裡，可是有一種人，他明明在水裡，可是他不覺得自己在水裡，他不能感受到漂浮、流動、水溫，他是沒感覺的，進入不了狀況；跟這個世界彷彿是分隔開來的。

這樣真的很可惜，彷彿每個人都是獨立的世界。如果我要跟你講話，我必須要能夠進入你的世界；你想要跟我友好，你就要進入我的世界。

沒辦法進入狀況的人，他進入不了別人的世界，那種感覺就像就像你我之間，你有你的世界，我有我的世界，有一堵無形的牆擋著，兩個人的世界就永遠不能融合。

不能融合的時候，人是不能感動的。不能感動的話，你的生活就少一味，你會覺得溝通是冰冷的，你會覺得沒意思。

其實，這也是一種「有溝沒有通」的無奈，就是打不進去，人與人之間親不了。

撒嬌，就是用來打破這道牆的最好工具。

　　人與人之間的相處，不是靠學歷或是金錢在維繫情感，也不是靠講道理才能讓人跟人在一起。那麼，靠的是什麼呢？最平易近人的解釋方法，就是「舒服」兩個字。

　　舒服有很多不同的層級。老夫老妻可以有一種很舒服的境界，可是如果再加上撒嬌，那種舒服度是最頂尖的，最難達到的。配偶並不是要跟你長篇大論，或是要跟你舌戰，能夠學會撒嬌，生活才會有更多的樂趣。

　　就算是工作夥伴，也不會每天都在講多少錢、講技術、講理論，不可能每天都在辯論。不管是從事任何需要高度技術性質的行業，就算本事很厲害，做什麼事情都很快，但是在合作、協調當中的凝結力還是非常重要。

　　就像蓋一棟房子，最後還是要有壁紙把它貼起來，也要混凝土把磁磚黏結起來。在人際關係上來看，必須促使情誼鞏固在一起，最好的方式就是撒嬌。

　　一般人都不曉得，撒嬌創造出來的感覺非常偉大。

　　我跟你講話，我可能會累，我煮東西給你吃，你也有飽的時候，就算是做愛，高潮過後也是要休息。但是，撒嬌從來都不嫌多，撒得好，不會讓人覺得無聊或討厭。我永遠覺得撒嬌非常有趣，那種感覺讓生活變得非常舒服。

　　撒嬌有多麼重要，你可能自己都不曉得。你看，女兒只要ㄋㄞ

一下，爸爸就買冰淇淋給她了，對不對？為什麼爸爸會一直買東西給女兒，媽媽會一直罵爸爸亂花錢？因為女兒ㄋㄞ嘛！爸爸就受不了。

這是一個事實：男生真的很喜歡女生撒嬌，喜歡的不得了。只要撒嬌用得好，出手幾乎都是百發百中的，可是很多人不懂，不知道撒嬌的好處。所以需要有人教，這也是為什麼要出這本書的目的。

撒嬌應該要讓人舒服，而且撒嬌的人自己要很自在、享受。就像人一定要喝水，水不是什麼特別的東西，可是有誰不需要喝水？他可能沒興趣要常喝水，但人總得需要水分，沒有人會不喜歡喝水，撒嬌也是一樣。

撒嬌，是很值得提倡跟學習的一種能力跟哲學。在技術上、技巧上來說，它是一種能力，至於哲學的角度來看，就是心態上、思想上要對撒嬌有更進一步的理解，然後把它融入生活裡，成為一種樂趣、一種態度，就像魚在水裡，卻不知道自己活在水裡的那種自在舒適。如此一來，你不僅會是一個撒嬌高手，你也會是一個充滿幸福快樂的生活藝術家！

心橋顧問公司總裁　陳海倫

如何撒嬌
讓生命更精彩的秘密

目錄

如何撒嬌
讓生命更精彩的秘密

目錄

第一章

你為什麼要撒嬌？

為什麼要學會「如何撒嬌」？

「撒嬌」在生活中，就像烹飪的其中一種調味料：假設它是鹽，假設它是醋，或假設它是糖——它只是其中一種，而不是全部的方法。

你不會每道菜都加醋，或是每道菜都加鹽，但是如果你有醋，這道菜就加分了。就像穿衣服，你不必天天穿牛仔褲，但你應該要有一條牛仔褲。

在兩性之間，在愛情上，不能不會「撒嬌」這項技能。以愛情的立場上，它比較像是催化劑，非具備不可。

撒嬌這個技能不能不會，可是嚴格說來，幾乎有50％以上的人都不會，不要說男生不會撒嬌，很多女生也不會撒嬌，這樣其實是很可怕的。

會撒嬌跟不會撒嬌，生活的品質跟感覺真的會差很多。女生不會撒嬌非常吃虧，也是一件很糟糕的事情，甚至蠻多男生還懂得怎麼去撒嬌，撒嬌起來做得比女生還好。

理論上來說，應該是百分之百的男生都會喜歡女孩子撒嬌，如果女孩子不會這東西，就好像妳根本無法入門也無法參與——不要說跟人競賽，根本就沒有辦法踏進那個世界。

你可以做事，可以工作，當主播、當秘書、當會計或是當業務

等等，都不需要這個才華，不需要這種能力，會不會撒嬌似乎不太有影響。但是，在親子之間的世界呢？愛情的世界呢？

當你能撒嬌，你會撒嬌，你的生命會更上一層樓。

在生活裡面，尤其是家庭生活、感情生活，絕對不能沒有「撒嬌」這種東西。我花了很長的時間研究這件事，怎樣讓人在生活中有興趣學習撒嬌，要讓每個人有方法可以學，就基本觀念上來說，你要先具備喜歡這件事的條件，才有辦法去學，利用教育跟訓練把這件事完成。

有很多人會覺得撒嬌很不好，很彆扭，這是一個迷思。就好像奶奶曾經幫你算過命，她告訴你千萬不要靠近水邊，遇到水會很危險，所以很多時候你都不敢去游泳。然而在生活裡，絕對不可能碰水就完蛋了，你還是應該去學游泳，以備不時之需。

撒嬌也是一樣，應該要會這個東西，不會的人也應該要學。如果可以多嘗試一些事情，多一些品味，你的人生應該會更多采多姿的。

現代人都很怕得罪人，一開始不熟，常要花很長的時間跟對方熱絡，而且會很擔心得罪對方，你會很緊張，處處小心**翼翼**——你可知道，光是「小心**翼翼**」就會殺死多少細胞？

如果你會撒嬌，就算打破東西也無所謂；只要你一撒嬌，瞬間跟對方的距離就會拉得很近，你跟人撒嬌，你跟對方都會很開

心。

　　但是如果你不會，你不敢，你一直覺得「我工作要嚴肅，要正經」，所以你工作二、三十年下來，只換來一身的病痛，退休之後就差不多準備進棺材了，很慘吧？

　　如果你不會撒嬌，在工作裡面你只會越來越沉淪，因為工作一定會遇到很多問題，一定會有壓力──你想，老闆花錢雇用你，要的是什麼？就是解決問題。解決了是應該的，解決不了就罵得你狗血噴頭。當員工的，整天被主管逼；當老闆的壓力更大，加班、開會、應酬、周轉……，這種壓力去到哪裡都一定會有，你怎麼可能會快樂？

　　如果你不能很活潑地撒嬌的話，你所有的對話都會很無聊。就算你很喜歡這一份工作，可是這個壓力長期累積下來之後，工作就變得不好玩了。

　　人若能夠自娛娛人，應該還不算壞事。你會撒嬌，可以讓你的生活輕鬆許多，也讓別人比較喜歡跟你在一起，因為壓力相對的減輕非常多。

　　照理說，每個人應該都可以很可愛的，可是現在變得難得可愛──因為難得舒服。

　　你忘了怎麼笑，你笑不出來，但就算如此，你還是要撒嬌；你

已經很痛苦了，更要撒嬌！因為有了撒嬌，日子就會差很多；沒辦法撒嬌，就只能被烤焦。

所以，你要練到就算很慘的時候，都還能夠撒嬌，這樣你就出師了。

怎麼創造生活的色彩？這個秘密的答案，就只有兩個字——撒嬌。

但是，一般人都不知道這個道理，滿腦子一直在想著怎樣讓生活更精彩，所以你就想盡辦法去考更多的證照，用更高級的精油，換更漂亮的轎車，玩更貴的高級音響，或是嫁一個有三高的老公……但你還是找不到讓人生精彩的精髓。

人生真正的樂趣，明亮的色彩，決定在於你會不會撒嬌。

好比去吃東西，如果有撒嬌配話，就會讓你覺得比較好吃。你跟他說：「啊，這個比較好吃！」，他明明上次吃過，但就覺得好像這次比較好吃，可是他不太知道為什麼……其實東西是一樣的，重點在於你能不能讓他有感覺，有了感覺，人生才會精采。這也就是撒嬌厲害的地方。

如果你覺得日子過得不太快樂，那你的撒嬌分數就有待加強。你不要以為還有別的東西，NO！就是這個了。

人生沒有那麼多的秘密，你只要把撒嬌學會，你的生活會快樂很多。

撒嬌的定義與目的

要學「撒嬌」之前，就要先了解這兩個字的定義。老實說，要對「撒嬌」這兩個字下定義，還真的是有點兒困難。

撒嬌是一種溝通的藝術。既然是屬於溝通，就不會只限定在「講話」，包括像肢體語言、眼神、動作都算撒嬌。「撒嬌」是屬於溝通的一種技能、一種藝術，基本上是屬於人與人之間互動的一種元素。

「撒嬌」的特質很玄。它會讓對方感到喜悅、可愛，有時候是性感。這就要分清楚了，如果「撒嬌」是用在兩性之間或性上面，會有性感這東西產生，要不然把「撒嬌」定義為「會產生性感」，就會有很多人不敢亂用——我在辦公室裡面耍性感，要幹嘛？定義就要區分清楚。

撒嬌用在其他時候及領域，就沒有「性感」這種感覺的產生，例如小孩子的可愛，同性之間的撒嬌，就是舒服、好玩、有趣、可愛，但並不會涉及性感這件事。

「撒嬌」是人際關係裡一個不可或缺的元素，也是兩性關係的一個催化劑。在兩性關係裡，「撒嬌」就會有撒情、挑逗或是性感，撩起性慾的那種感覺，那是純屬於兩性之間的撒嬌。

在人際關係裡的「撒嬌」，就是讓對方覺得喜悅、俏皮、開

心，或是讓人家覺得有喜感，會覺得溫馨，這些都算是撒嬌。

「撒嬌」還有另外一種感覺，會讓人覺得很好相處，提高了親和力的程度，會讓人覺得甜，讓人覺得可愛。譬如看花，很多人看到花以後，沒有什麼感覺，就沒有效果，「撒嬌」就是讓你看到了顏色，那個顏色給你帶來了喜悅。那種喜悅的感覺，每個人的敏感度不一樣。

提到撒嬌的目的，其實很簡單──就是為了開心。

撒嬌的目的，就是要讓感情更好，讓彼此之間的親和力提升，在人際關係上有潤滑的作用，讓你覺得舒服，也讓對方輕鬆、自在、愉悅。

撒嬌除了讓自己舒服之外，也要讓對方舒服；意圖就這麼單純，就像新鮮的空氣、看到大自然的藍天白雲一樣，就是一個很自然的東西。

這就是我們所提到的撒嬌的目的──雙贏，彼此都開心。

撒嬌有兩個層次，兩個不同的境界：第一個，就是你在ㄋㄞ的時候，你自己也舒服的不得了。你跟別人ㄋㄞ，那個被你ㄋㄞ的人也舒服的不得了。

既然你很舒服，他也很舒服，那何樂而不為？

如果你不會撒嬌，你ㄋㄞ的很難受，對方也蠻尷尬的，是不

是？

我們要撒嬌，目地是為了讓對方舒服，同時自己很享受。但是，如果你撒嬌的時候，自己很不舒服，我認為這樣的人並沒有練就真正撒嬌應該要達到的境界。

舉例來說，譬如我向你撒嬌，你很舒服，但我自己不太舒服，這種感覺有點像是純粹用「技術」──就像是妓女要討好客人一樣，太假了！純粹是技巧卻沒有心，逼著自己去討好對方，根本是故意ㄋㄞ，不是出自內心，自己也沒有很享受。這種撒嬌只是技巧，感動不了自己，也缺乏藝術，那就不是真心的溝通。

有些女孩子講話很嗲，「哎呦～幹嘛這樣～」，很多男孩子會吃這一套，因為看起來就是可愛嘛！可是女孩子自己沒那個心意，她並沒有很高興的感覺，我覺得這個出發點就不是我們談到的領域，可能她就是這樣的娃娃音或習慣這樣說話，那種撒嬌並不純熟。

要撒嬌之前，你自己必須很喜歡才行。你自己要很enjoy，你自己要很享受那種感覺，對方才會被你感動。要感動別人之前，你必須先感動自己，自己先進入狀況，才有辦法達到共振的效果。

你為什麼要會撒嬌？

一般來說，85％以上的人會對「撒嬌」覺得有喜感，會覺得甜，在人際關係上他會覺得好玩、有活力，會讓人覺得可愛，也會讓人覺得喜悅。

以溝通的角度來說，這是非常偉大的產品！不管性別、年齡、國籍的限制，只要接觸「撒嬌」這種東西，就會讓人覺得活力十足、輕鬆愉快，甚至想笑。

我提倡一定要會撒嬌，而且是不管男女、親子、朋友、同事之間都是一樣，因為「撒嬌」實在太重要、太美、太棒了！

會撒嬌的人，在生活各方面的領域裡比較容易有好的人緣。像是請同事去便利商店幫忙買東西，比較會撒嬌的人，對方就很難拒絕，去買的時候也會比較心甘情願；有時候你對他撒嬌一下，他會甘心為你做牛做馬，或是他本來不願意去的，只因為你會撒嬌，他就改變心意幫你跑一趟，改變了事情的結果。

這是撒嬌相當偉大的魅力。

「撒嬌」給人活力，給對方注入一股生命力。當你會撒嬌，就等於是給對方打了一劑強心針，他做事就會有動力，也會讓他願意去改變原來的想法。你可以讓撒嬌變成一種力量，變成人與人之間情感上的推動力，更容易談話、做事，更覺得甜蜜也更享受。

有時候，你會看到對方非常固執，他就是不願意去做某件事，你就開始跟他撒嬌，看你ㄋㄞ多久事情能夠改變。

當然，使用暴力也可能會是一個讓對方改變念頭的辦法──你可以用威脅的，可以拿刀出來說：「你不點頭，我捅死你！」這是一個負面的手段，不僅是暴力傾向而已，對彼此都有傷害，害人又害己。

但是，如果你夠厲害、夠會撒嬌，這件事會被你拗過去。那個拗過去的力量非常偉大！

不過，當然撒嬌就只是一招，不是所有事情、所有狀況都靠這招，不要太偏激的去想你的人生就只靠這招，且通行無阻。

原本對方的態度就是：「不可能，就算是放原子彈，也不能讓我改變想法！」，既然他不吃硬的，就要用軟的。

撒嬌就是一種以柔克剛的好方式。「撒嬌」做得好，會讓原本沒有轉圜的僵局帶來轉機，會讓一局死棋起死回生──這是一個非常重要的能力。

撒嬌是屬於正面的力量，只要是人，都會甘願被這種力量影響。撒嬌是溝通的一種技巧，既然是技巧，一定都可以變成工具，所以有人可以利用撒嬌變成摧花手，變成一流妓女，或是仙人跳……都可以用這套，反正是技術嘛，都有效。但是這本書裡要講的撒嬌，與邪惡的意圖無關。

它是一種技巧，可以學習的藝術，也是一個好工具。至於怎麼用？用在哪裡？就看使用者的心意了。

我們要講的是：如果具備這樣的能力，你可以主導的東西會更多，世界會變得不一樣，有很多事情會轉變。你會讓一個人自然的改變，出自內心的願意點頭──這樣是不是好一點？

既然我們都希望生活更好，也希望身邊的人關係更好，更相親相愛，那何樂而不為呢？

我們講的撒嬌並不屬於邪惡的領域，並非所謂的色誘；你罵他的出發點也是要叫他去做，你對他撒嬌的目的也是要他去做，為什麼不用ㄋㄞ的，而要用罵的呢？

這就像教育孩子一樣，媽媽也是可以跟小孩子撒嬌啊！不是只有小孩子才可以跟媽媽撒嬌。

而且，如果媽媽對小孩子撒嬌，是非常好的身教；因為這樣以後小孩子會撒嬌的機率及能力，就會相對提高許多。

媽媽可以罵小孩，「你不去，我就打你喔！」也許他會去。如果你跟他ㄋㄞ，他也一樣會去，但是感覺跟結果都是不一樣的；而且彼此的關係也會變得不一樣。

我覺得，撒嬌是人應該具備的基本能力。若是不具備這種能力，人生真的「欠一味」，生活裡少一個趣味，身段不夠柔軟，做很多事情都硬梆梆，實在不是很有趣、很舒服，不是嗎？

撒嬌就是一種讓步？

有一些人會有一種想法：「撒嬌是對另外一個人讓步，對另外一個人投降」，那就是教育思想上面的問題。

好比有些觀念，會給予女人一種：「對男人撒嬌很噁心，那樣做的女人沒尊嚴」的觀念。

有人教育你：「如果你這樣撒嬌，就是不端莊。」

也有人告訴你說：「你讓步，你就失去了自己的空間。」

「你為什麼要這樣去對待人家？你比較下賤，或比較低級嗎？」

這都是教育下的產物。是屬於負面的想法，也是那些情緒比較低落的人才會這樣想。你應該換個角度，以正面的態度去想這件事——撒嬌應該是很可愛的，是很討喜的，是很受人歡迎的才對。

就像有人說：「你老婆怎麼學歷這麼低？」這是一樣的道理。

老婆是文盲，在一般教育的認知裡，文盲就沒辦法跟知識份子談戀愛；或是你是一個中輟生，就會被瞧不起——中輟生又如何？很低賤嘛？智商就不見了嗎？還是有腦吧！蘋果電腦的Steve Jobs跟微軟的Bill Gates還不都是中輟生？還有很多的文豪大作家只有小學畢業。

所以，那是一種教育裡面的產物。

就像有些父母會說：「我的媳婦一定要碩士畢業！」，那你會覺得很奇怪，這樣的要求到底要幹嘛？可是，那只是一種思想而已。

那些對於撒嬌的負面想法，像是投降、讓步、低人一等之類的，就是因為長大之後撒嬌不成功，或是被身邊不喜歡撒嬌、不會撒嬌的人批評，被壓抑住了原本該有的能力；或是自己覺得應該要去溝通，卻有很多話說不出來，彷彿去溝通是被逼的，並非出於自己的意願，那麼他就會覺得：「我沒有別的招數了，只好用ㄋㄞ的。」

尤其是女人，比較常見到這樣的問題。她會覺得：「要用撒嬌這一招，感覺就是低人一等或是讓步」，或是「沒別招了，因為我實在是輸你了」，「不知道該跟你說什麼才好，只好用撒嬌這一招扭轉局勢。」

其實，這些負面的觀念跟態度，與撒嬌一點關係都沒有。因為撒嬌只是很純粹的把一個感覺表現出來，讓對方很舒適，看起來很可愛，傳遞的是一種非常討喜的好感，是一種正面、有益、有利的溝通方式！

就好比以小孩子的撒嬌來講，他只是很單純的想表現的很可愛，他並沒有想著什麼投降啊、讓步這些事情，他在撒嬌的時候也從沒想過他是不是低人一等的問題。

會聯想到這些事情，幾乎都是長大之後接受到錯誤教育的後遺症；其實一般人是不會有這種想法的。真正的撒嬌是純粹為了溝通，是沒有這些想法在裡面的；這些想法其實是一些雜質，不應該存在，沒有這些雜質比較健康。

我們要講的，不是對錯也不是好壞；我們要講的只是一個簡單的問題：到底「撒嬌」在生活裡面重不重要？好不好？

如果一直堅決不撒嬌，那我可以告訴你，你最後有什麼結果──大概比較不容易嫁出去或娶到老婆；如果你結婚了，你的另一半其實心裡是很遺憾或希望你會撒嬌的。他不一定會講出來，但是心裡難免會這樣想，因為沒有人會喜歡跟這種像木頭或機器人的人在一起，對吧。

只要是正常的人，不可能永遠都正經八百、一板一眼的過日子。生活需要撒嬌，就像人一定需要水分是一樣的──有水就舒服了嘛！

有的人很討厭花，對花粉過敏，但你不應該否認賞花這件事本身很美，讓人看了舒服──你應該很享受才對！

但是，當有人一直告訴你花不是好東西，花粉會造成過敏，所以家裡不要插花，也不必去花博看展覽，或者說何必浪費錢去買花……這都是一些觀念上的問題，我們就不去落入這種俗套。喜

歡的人來欣賞，愛學的人學，願意做、喜歡做的人來做。

也許會撒嬌的人，不見得真的就會比較好運，我們並沒有一個統計值要來特別標榜撒嬌有多好、不撒嬌有多糟糕。我們要講的只是一個事實：人到底喜不喜歡撒嬌？

我們只是以「人」的基本角度來看——大家都需要水分，喜歡清新的空氣，喜歡好天氣；人都喜歡撒嬌，這是一個事實。

不信的話，你可以把男生叫來。如果他的老婆都不撒嬌，你就問這位先生說：「你喜歡會撒嬌的女孩子，對不對？」

老公不一定會跟你說：「對！」，但他只是不敢講出來，並不代表他心裡是這樣想。

十個男生，十個喜歡人家撒嬌，而且撒嬌本來就不是什麼負面的事情。

撒嬌本來就很正常！反正人人都喜歡，你學了，多學無害。就像你會彈鋼琴，有什麼不好？只是不一定要天天彈，你會打棒球也沒什麼傷害吧。

學會撒嬌，就是「多一味」，讓生活更豐富的一味！

別為不會撒嬌找藉口！

這裡可以先舉一些例子說明一下。

很多人認為：如果一個人在成長的過程中，媽媽會撒嬌，小孩子就會撒嬌；媽媽不會撒嬌的，小孩子就不會撒嬌，這是一種潛移默化。

就像為什麼小時候你會捕魚？一定是阿公、阿嬤、爸爸或身邊的人有教，家住在海邊附近，也就是說，你一定要有那個環境，沒有那樣的環境，當然是不會嘛。

但仔細去分析，不就是學來的嗎？

我要告訴你一件事：其實，這些都不能成為你不會做某些事的藉口。

照理說，很會打扮的媽媽，小孩應該是比較會打扮。可是有很多媽媽不會打扮，但她的小孩後來長大了卻很愛漂亮；很多媽媽很會打扮，但小孩根本是不打扮的。這更讓我們看見「不要找藉口」。

所以，到底「會撒嬌」是先天還是後天的因素？

如果這裡的討論一直圍繞著這個主題，就變成討論另外的理論去了，其實你心裡也有數：這對你根本沒有幫助。我當然也可以告訴你：你會不會撒嬌，你媽媽的確是有影響的。可是，你一直怪媽媽不會撒嬌要幹嘛？你應該自己趕快學才對。

所以，從你十三歲開始，你的人生應該要自己負責。因為你可以學嘛！

你媽的數學可能沒你好，是不是？為什麼你媽沒學微積分，你會微積分？

所以，不管會不會撒嬌，你的家庭教育怎麼樣，只要你希望自己會撒嬌，你想學會撒嬌，你就會成為撒嬌高手。

不要給自己找那麼多理由——因為我媽這樣，因為我媽不會打扮，所以我今天才這樣，我不會撒嬌是我媽的錯，她沒把我教好……，這是不負責任的說法。你媽媽也不一定唸過大學，很多父母是不識字，你也沒有理由說你可以不識字。如果你一直找藉口，就把自己講死了，什麼都不必學了。

「可是，有人天生就比較會撒嬌啊！」

是這樣嗎？

很多鄉下的孩子，他們很會抓青蛙、抓螃蟹，他們很清楚什麼水果、蔬菜長什麼模樣。你大可以說：「我是都市小孩，我真的

沒看過啊！我以為西瓜是長在樹上呢！」

沒錯，很多事你都不懂，都市小孩當然不知道鄉下的生活。

但是，你都可以學啊！

會不會撒嬌，永遠是你自己的問題。不應該把環境、爸媽沒教等等的情況當成是理由。

你會看電視，你身邊也有同事、同學，就會看到為什麼有人講話咿咿喔喔的，有人就是一副道貌岸然、正襟危坐，有人就是可以很可愛，討人喜歡的不得了？

有電視、雜誌、電影，有同學、朋友等等，你其實是可以觀察到的。

不撒嬌的，是某一部分的人。然而，你身邊還是會有一些很會撒嬌的人，你永遠都有機會可以學。

撒嬌，是給生活想要更美好的人使用的技巧及工具。如果你希望進步，只要努力用心學，好好練，你就一定會撒嬌。

第二章
生活越是苦悶，越要學會撒嬌

如何撒嬌
讓生命更精彩的秘密

什麼樣的人比較不撒嬌？

每個人小時候都會撒嬌，他一直到長大，那種感覺都沒有被壓抑、被抹殺掉，他就會繼續撒嬌。

但是，如果從小他被很多不好的感覺一直刺激，長大以後他就會比較木訥。也有更慘的，從小到大沒有撒嬌的環境，他就不會，缺乏練習及教育。

怎樣的人不會撒嬌？就是家裏經常發生世界大戰，或者是常常有人來討債，整天腥風血雨，或是爸媽整天冷戰的那種家庭，小孩子嚇都嚇壞了，就很難撒嬌。

一定要環境很友善，孩子很高興的時候，他自然就會撒嬌，但是如果環境是很險惡的，他自然就會呈現防禦狀態。

譬如說，小孩子本來很可愛，在地上爬，但是媽媽脾氣很差，動作急急忙忙的，小孩子本來在玩，他本來很高興，可是媽媽很急，而且還在跟別人吵架，走過來就把他一把抱走，好像抱狗一樣，然後就離開了。

如果孩子正好要跟媽媽表達想吃飯，或想要幹嘛，媽媽就把他「咚」地一聲放在椅子上，然後拿東西給他吃。可是，媽媽在餵他的時候，還在想著跟別人吵架的事，火氣還很大，就很火爆地說：「啊！嘴巴張開啦！你給我吃下去～（硬塞）」

「快點吃，媽媽還有事要做！」

如果這樣，小孩子就沒機會撒嬌──因為他察覺到環境極度險惡！

如果媽媽又常吵架，什麼事都可以發脾氣，小孩子就搞不清楚她到底在罵誰，是在罵我還是在罵別人，他只會覺得調羹塞在嘴巴裏，心裡亂不爽的。本來想要撒嬌的心情，被掃得一乾二淨。

等到吃完了，孩子可能三分鐘、五分鐘就忘記剛剛的事了，他正要開始玩，正準備要撒嬌，然後媽媽又大吼：「不要吵啦！」那就完蛋了，對不對？

在這種情況，小孩子就慢慢變得不會撒嬌。

有一種家庭，大家在茶餘飯後全部人圍著嬰兒看，這種小孩就不一樣，他可以盡其所能的撒嬌。他一動，大家就拍拍手──哇！妹妹站起來了，拍拍手！不管幹什麼都拍拍手，那這小孩就比較會撒嬌，因為你有時間看著他，他有舞台表現嘛！

所以，為什麼父母感情好，小孩子會比較正常？

你有沒有看過一種媽媽，一直很溫柔地跟嬰兒講話的？媽媽抱著，然後說：「妹妹乖喔，告訴你，媽媽告訴你喔……」有時你在路上就會看到，小孩子不會講話，媽媽一直跟孩子講話。

如果你有小孩子，就要這樣！不管他聽得懂還是聽不懂，不重要，就是一直跟他講話，他的感覺就會不一樣。一直跟他嗯嗯哼

哼，一直跟他玩，小孩子會笑，他就開始會撒嬌，兩個人這樣子互相學習。

但是如果媽媽一直鬼吼鬼叫，或是媽媽很急，或是都不講話……你想，結果會怎樣？

還有一種更慘，媽媽餵奶的時候流眼淚——小孩子一定感覺得到啊！他也知道媽媽在哭，他在那邊吸奶，吸得滿悲傷的，而且吸得很同情；吸一吸都覺得：「嗯，吃奶是一件很可憐的事情。」

他一邊吸奶，一邊想：「好傷心喔，我長大以後會好苦喔！」是不是這樣？

媽媽所有的感覺，都會影響小孩子的表現——影響他可不可愛。有的小孩看起來滿悲傷的，有的小孩看起來滿惡劣的，可能媽媽每次餵他都在吵架，但你不曉得他到底發生什麼事情，這就跟父母怎麼養小孩有關係，這也會影響到你在撒嬌時候的心情。

舉這些例子是要告訴你，你的心情，影響你要不要撒嬌、會不會撒嬌，也會影響你對撒嬌的感覺；這些跟你怎麼被教育有極大的關係。爸媽很可愛，小孩子長大就會可愛；爸媽不可愛，小孩子就會覺得長大是一件很不舒服的事情，或覺得撒嬌與他無緣。

生活越是苦悶，越要學會撒嬌

這本書的目地，是要教育那些不會撒嬌的人，讓他們知道撒嬌有多好，讓他們變成會撒嬌。

我有一個職員，他跟老婆吵架不管再怎麼兇，他都能走過去把老婆抱起來，而且不管對方怎麼跳，怎麼哭、怎麼鬧、怎麼要上吊，他都可以ㄋㄞ到讓他老婆服服貼貼，功力非常厲害。

就是因為這樣的功力，他老婆就覺得：「我真的沒辦法嫁別人，就這個男人對我最好。」因為他老婆吃這一套。我不信天下有哪個女人不吃這一套。

其實，也不是只有用在他老婆身上才有用，每個女人都一樣；而且不管男的、女的都一樣。

以我自己的經驗來說，我先生也是很會ㄋㄞ，每次我還沒開始撒嬌，他已經ㄋㄞ的一塌糊塗了。他搶著ㄋㄞ，很愛ㄋㄞ，每天就是一直撒嬌，ㄋㄞ不完就對了。

至於我自己的感覺呢？

以我個人的感覺來說，有時候，我會覺得情緒不好，或是生活裡有很多很煩的事情，壓力很大，或是真的對他不爽——譬如錢不夠用，或是今天工作不順遂，或是家裡出了什麼事情，其實心情是很不愉快的。當他跑過來ㄋㄞ的時候，一開始會覺得很突

兀,心裡就想:「煩都來不及了,你還ㄋㄞ個屁?」

「牆壁都破一個大洞了,有什麼好可愛的?」

「都有人要來告你了,你都要跑路了,還有什麼好ㄋㄞ的?」

但是,撒嬌會創造出非常神奇的結果。當他跑過來跟你撒嬌的時候,如果他持續地ㄋㄞ你,就會有效,就會改變情況,就會有不同的心境跟不同的看法。

我覺得,生活裡面越是覺得苦難,越是有壓力,就越要有ㄋㄞ的本事。

為什麼我們會喜歡看電影?電影裡常會出現這種看似無厘頭的情節,就算很緊急的時候,主角還是可以ㄋㄞ一下,你看了會嘆為觀止──如果在這種生死關頭的情況下,還有人可以這樣跟我撒嬌,唉呀!還真是死而無憾。

所以,撒嬌很重要。它可以讓你的生活減壓,可以讓你度過很多的難關,可以讓生氣的時間減短。

我個人認為,現在很多人講究健康飲食,講什麼鹼性、酸性體質,講什麼健康運動等等……你還不如學會如何撒嬌,還比較有用吧!

當然,健康還是要靠多方面的保養。但是,所有健康飲食、長命百歲保養法以及各式各樣的養身之道,裡面都有提到要保持心

情愉快。只有心情愉快，也很不切實際——哪有人每天都中樂透或是辦婚禮的？或是你喜歡的女孩子說要嫁給你？那些快樂都不是持續性的。

但是，有一件事情可以讓你永遠保持快樂——就是撒嬌，這一套最有用。長期的撒嬌、天天在ㄋㄞ的過程當中，其實比什麼都健康！在情緒上的激昂跟愉悅，撒嬌是最舒服的一種，簡單又不會膩。

當然，你可以很深層的表達自己的情緒，你可以講很多的情話，讓人覺得感情很濃，很感動，那樣當然也是很好。但是，在生活裡面，一天到晚都要很感動、很濃情蜜意，很難吧！一天到晚都在海誓山盟，未免也太不實際了。

那麼，怎樣會是一個長期的快樂？每十分鐘都可以有一次的快樂？就算是做愛，也不能夠一小時連續好幾次，對吧？就算你行，之後的六小時呢？三天呢？你每天都能這樣嗎？可是撒嬌的話就可以。你可以經常的ㄋㄞ，那種快樂的持續力跟威力，效果最好。

我個人很喜歡養身，很重視飲食與健康，幾乎各種養身的方法我都嘗試過。但我個人最推崇的，還是「撒嬌」這門功課，是一定要在生活裡培養跟訓練的，不管什麼年齡都需要撒嬌，大人小孩皆宜。

我也給自己一個叮嚀：一定要當一個可愛、會撒嬌的老人家，哈哈哈！這樣多好，是嗎？

其實，你會發現有很多老人家很可愛，如果他們會ㄋㄞ的話，那種講話的口氣真的很可愛，身邊的人就會多一點，熱鬧一點，開心一點。這不是你想要的晚年生活嗎？

自在的撒嬌，對身體來說是一種最符合鹼性健康的生活方式，這是非常值得提倡跟研究的。撒嬌要靠練習，一定要練。你不練，一定不會那麼好、那麼厲害，因為撒嬌跟其他事情一樣，不練就會退步的。

撒嬌真的有用嗎？

撒嬌是一定有用的，只是看你的工夫到不到位。

一開始練的時候，還是要從溝通、講話開始，試著用很多不同的方法去面對、去解決，看看最後情況會怎樣，從不同的情況裡面再去調整。

像「撒嬌」這種必須跟人有關聯的練習，要練到到位，沒有那麼容易。這就像是在做菜，做菜有食譜就可以煮，煮出來，你一樣還是可以吃下去。但如果今天你要招待一位義大利來的客人，你想做個道地的義大利菜，就不是只要有食譜就能做出來的問題了！

煮出來的菜要到位，你就得完完全全掌握義大利人的口味，要用意大利的食材跟香料，要不然你做出來的東西，充其量就是「台式」的義大利菜，對方不見得會喜歡；就算不喜歡，他也不一定會告訴你。

即使是我們自己熟悉的台菜也一樣。譬如說，要做出道地的肉圓，就有做肉圓的方式，米糕也有米糕的訣竅，蚵仔麵線有它專屬的古早味，就算是客家菜、湘菜、川菜、或是改良的日式台菜……像這樣的訣竅，都是要花時間研究的，才有辦法做到所謂的「道地」。

如何撒嬌
讓生命更精彩的秘密

　　煮菜要求「道地」，撒嬌也一樣，要求的是「到位」──要讓對方覺得你跟他有對焦，你跟對方表達的這些感覺，他能夠同意、他有覺得開心，這才是撒嬌能夠成功的重點，所以你一定要學會溝通以及觀察別人的感覺。

　　你如果不能夠了解撒嬌如何才能到位，那當然會很糟糕，結果可想而知。你想想看，如果你把蚵仔麵線加了芝麻醬，當然就不對味啊！你做米糕時放了浙江醋，這就不對嘛。你說人家不解風情，其實是你用的撒嬌方式不對，當然就不討喜。

　　撒嬌要做到到位才會有用，但並不是說撒嬌就特別難，或是無效──這是功力的問題。

　　舉例來說，對一個會做米糕的人來說，他不會覺得難，他能掌握米糕的Q度，也不會蒸得過熟，就是能夠恰到好處，這就是功夫。

　　也許你知道撒嬌對你的人生很有幫助，是不是練個三天就會了？打籃球很好玩，你練個三天就可以參加比賽？不太可能。你喜歡踢足球，你卻沒有練過腳力、體力、運球等等，當然還是不行啊！

　　撒嬌很好用，可是你要練，這種功力是要練的，越久越好。

　　除了去找出跟不同人的應對方式之外，每個人都有自己獨特的可愛之處，就好比你唱歌一樣──你聽鄧麗君唱歌的口音，她的

發音、轉音的方法，結尾的收音，都有她獨特的風格，她有她專屬的可愛與風情。

但一般人不曉得，這個東西是要練的，而不是去想著說她天生嗓子好，本錢雄厚，唱歌當然可以占便宜，或是耍賴說：「我不要練，但我就要有這樣的好功夫。」這種心態幾乎就跟犯罪沒什麼兩樣——沒有付出就想得到，天底下哪會有白吃的午餐呢？

你想要會撒嬌，應該要想盡辦法去練習，這個練習會讓你的人生變得非常有趣。只要你有練，就一定會有差。沒有練，當然就不會。

有機會的時候就找人練，跟你身邊的人練，找老公練、找男朋友練、找你媽媽練、找同事練都行，沒人的時候也可以自己練，甚至對著鏡子練習，找出自己什麼表情最可愛、什麼角度最討喜，講什麼話配什麼姿勢等等，都可以練。就像打拳一樣，練多了、練夠了，遇到需要出手的時候，要點到為止或是不留餘地，都可以收放自如。

為什麼有些演員什麼感情都演得出來？為什麼他明明沒經歷過那些事情，卻演的像是事情發生在他身上一樣地自然？這些都是練的。這就是一種功力。

在培養功力之前，你要先有興趣才行。就好比女孩子要怎麼

笑，要怎麼讓眼神放電，穿哪種絲襪、高跟鞋，才能有那個姿態、那個氣質。

其實，你看到的那些名模或明星，他們不是天生麗質，也不是一生下來就會穿高跟鞋，那種氣質是練出來的。光是高跟鞋，他一定穿得比你久，而且走路也走得比你用力；他有很多走舞台步的經驗，他自己也一定要有足夠的努力及意願，去花超越常人的精神去練習、去培養，才能夠真正的展現出過人的氣質。

這個氣質，不是一天兩天的事，是要長時間淬煉的，就像酒越陳越香一樣。每一天去累積自己的風情、專屬的味道。一甕好酒，絕不會是兩三個月就可以釀出來的，撒嬌也是一種日積月累的功力，尤其想要不退步，不練幾乎是不可能的。

要學，先要有意願

對於撒嬌，很多人會覺得「我沒興趣」——什麼叫做沒興趣？沒興趣有兩種解釋：一個就是提不起興趣來，完全不想去了解，所以也進入不了這個世界，有種封閉的感覺。

一般人常會說：「我沒有興趣。」既然沒有興趣，那你的世界還剩下什麼？什麼都沒啦！

不去理解，本身就是一個問題，也是造成自己沒辦法「有興趣」的理由之一。沒了興趣，生活必定是乏味的。

另一個解釋，就是沒有辦法發出足夠的力道。

譬如說：打網球要有一個力道，你沒興趣是因為沒力道；意思就是說，你打不出旋轉球或是殺球，你打的球是過不了網的，因為力道不夠。

所以，興趣是你自己要有足夠的力道，要像引擎一樣會運轉。你必須要有動力，像發電廠一樣源源不斷；當你有興趣，你看到的東西就會對你有所引誘，吸引你的注意力。

興趣還有另外一種解釋，是你有一種感覺，很想要對某件事物做某些事，也叫做興趣。

人只要活著，一定要充滿學習的興趣，人生才會精采；所有的東西都是可以學習的——包括撒嬌。

　　撒嬌有許多動作、姿勢，都是練來的。但是如果你不會，突然叫你這樣做，你就目瞪口呆，「嗄，這要幹嘛？」唉唷，好像看到鬼來了。

　　你說：「嗯～不要啦～」你要有這種聲音，把聲音講到讓對方聽了舒服，也是要練啊！不然你說一聲：「嗯～！」，人家還以為你要上大號，那就不好了。

　　你要知道，這像是學習一種「外國語言」，一開始都會有很多種障礙。

　　撒嬌對你來說，是個不同國度的語言，就像去學日文、德文、西班牙文。你一開始講時，有娃娃音，發音不正確，講不出來，發音很奇怪；它只是一種語言，一種形式，一種特別的形態，你當然不會啊！

　　有些人比較喜歡學日語，有人喜歡英文，有人喜歡西班牙文，有人覺得某種語言很難接觸。

　　像我從小常常聽到日文，就不會覺得日文很難，所有的發音，我不會有什麼特別的口音，因為我從小就聽，所以我可以學這個東西。可是，要我學德文，「嗄？好像跟我沒關係……」，會覺得很難。這都是熟悉度的問題。

　　會撒嬌的人，像我先生很愛撒嬌，他撒嬌很自然，我每次聽到他跟他媽媽講電話，我都快昏倒，他好像五歲的小孩子跟媽媽在

一起，一直撒嬌，而且他還頗自我陶醉的。

我心想：「你幾歲啦？」可是他媽媽就很喜歡，他自己也很喜歡，而且很自然，你要看到你才知道，一點都不噁心；你會覺得很可愛，我先生就是這樣，而且他可以隨時跟任何一個人撒嬌。

他很喜歡撒嬌──重點就是他自己喜歡。

你如果把一件事情變得很自然，你就會習慣。如果你連講英文都不必思考，又沒有發音問題，也都聽得懂，他講一句、你講一句，就很舒服；所以「流暢」這件事，完全是靠練習而來。

為什麼要學撒嬌？因為它可以學，它可以教，它可以練。可是你必須先要有這樣的意識，你要有意願去學，你要覺得它有趣，要覺得它有用。

如果你心想：「幹嘛學英文？」過去早一代的日本人就是這樣想，所以日本人常會把外國電影全都翻譯成日文，發音也全都是日語。對我來說，我非常不喜歡，如果我去看外國電影，發音全部改成中文，我想我會發瘋吧！很難受，感覺很奇怪，怎麼外國人都講中文？可是，以前的日本人就覺得：「我們是日本人，用我們自己的日文就好了，為什麼還要學英文？」

如果你有這樣的觀念，就沒辦法教你，你也學不進去，因為你根本不想做這個東西──沒有意願。所以，你要先了解這件事：有意願才會有機會。

人可愛占便宜的例子

拿我自己的例子給大家參考。我很喜歡撒嬌，也很愛撒嬌，走在馬路真的是吃香喝辣。隨便走進一家店，人家就說：「小姐，給你兩個donuts。」

「好啊！」

「要不要咖啡？」

「嗯，要！」

他就都給我了。有時候我去喝咖啡，人家就會送我donuts，坐下來跟我聊聊天。我就是常常這樣，走到哪兒都有許多好事喜從天降一樣。

像我跟一群人到基隆廟口，人家問我：「你跟那個賣剉冰的阿伯認識喔？」

我說：「沒有啊，今天第一次來。」

其實，我只是說：「阿伯，你的東西好好吃喔～咦？這是什麼啊？」他就會說：「來，吃吃看」，最後一大堆吃不完。

試喝通常不是都只喝一杯嗎？我常遇到人家問我：「小姐，要不要再喝？」再喝當然OK，問題是我喝那麼多要幹嘛？喝了也不見得會買。然而他的目的，只是想留你久一點，多講兩句也好——因為你可愛啊。

不管我們要幹什麼、做什麼，人家就會很熱心，幫你穿鞋啊，幫你服務啊，試穿這個、試穿那個，就因為你講話很可愛。

你不見得要對他可愛，你只要很可愛，他就會想要多看你兩眼，是不是很正常？就像玩具熊又不會講話，可是你就會想過去給它捏捏——因為它可愛。

所以，不是你一定要對這個人可愛，不是要選擇特定對象才有辦法可愛，那就是一種偏心；如果你自己本身就很可愛，把可愛變成你的氣質，你一定吃香喝辣。

再舉一個我年輕時的情史給大家聽。

有個男生想追我——後來我有跟他成為男女朋友。他想追我，可是他覺得他一定追不到我，他認為美女不會理他，而在他眼裡我實在太漂亮了；可是他又對我喜歡的不得了。

他是我同班同學，但是我不認得他，也沒注意到他。我那時候滿跩的，幾乎都自己一個人行動。他觀察了我一個學期，一直很想找機會跟我約會，但是一直不敢講，一整個學期都沒有表示，我也完全沒有印象有他這個人存在。

第二個學期，他才跟我表白。

他說：「很抱歉，我要坦白地告訴你一件事情，希望你不要生氣。」

我心想，出了什麼事？他清了半天喉嚨，很認真地說：「我要

如何撒嬌
讓生命更精彩的秘密

告訴你一件事情，嗯嗯……咳咳……」後來他告訴我的時候，我心想：「唉，這個人，要不要跟他在一起啊？」他竟然跟我說，他跟蹤了我一個月，可不可怕？

他說：「啊，你看donut的表情多可愛！隔街看蛋糕的樣子，噢～多麼迷人！」甚至連我去哪裡喝咖啡，去哪裡吃cheese cake，他都知道。

他跟我說，他從來沒有那麼快樂地看過一個人。他自己一邊講，忍不住開心了起來；但我只想一巴掌給他打下去，哈！

因為我們是同學，每天的schedule都會知道，知道你去哪間教室，一起修同一門課程嘛。上完課後，我就會跑去吃pizza啦、喝可樂啦，因為我很愛吃，我經過的所有bakery麵包店，都會站在外面看。我不會買，可是我會看，我很愛看。

他說：「噢，妳看起來的樣子好可愛。妳好像對店裡的東西都很好奇，很快樂地走在馬路上。」

「我看到妳的樣子，看到我自己都不自覺地發笑，完全看呆了，也完全不厭倦。」

「妳好厲害，竟然可以看到隔街對面蛋糕店裡的蛋糕長什麼樣子，口水都要流下來的樣子。」

他講的完全正確，我就是這樣。

然後，他說了一句很關鍵的話：「妳真的好可愛，我能不能——在這種很糟糕的情況下，我能不能邀請妳成為我女朋友？」

　　他要傳達給我的訊息就是：妳真是有夠可愛，可愛到讓我受不了。他就是這樣目不轉睛地盯著我——我看他根本都沒有在上課，光是看著我就爽。最後還要跟蹤我，還怕我知道，又要躲躲藏藏，很忙的，哈哈！

　　他說，他跟蹤我一個月，光是看到我的可愛的模樣，他那種興奮的感覺簡直是無以言喻！有時候看著我，他都會自己在那裡一直笑，只因為我可愛。看他講得很好意思，卻又超開心的模樣，也頗可愛的。我完全可以感受到他的開心，他的忍不住，光聽就覺得刺激有趣。

　　所以，我才告訴你為什麼一定要讓自己變可愛。只要你能可愛，別人看到你在看麵包、吃donut、喝可樂、吃pizza，就連看你拿衛生紙的樣子，都會覺得好可愛。

　　跟他在一起的時候，因為我很會撒嬌，他就什麼都好，像在當奴隸一樣，做牛做馬。我們去買菜，他都提得很重，而我一件東西都不必拿，他不管什麼事都心甘情願幫我弄，只因為我很可愛，他對我真的超好的。

　　然而，我要告訴你的是，不是對著某一個人你才有辦法可愛，也不是只有年輕的時候才能可愛；而是你平常的樣子就要很可愛。

　　現在就算我已經有點老了，我媽還經常對我說：「妳好可愛。」她也會對著我爸說：「妹妹非常會撒嬌，真是個可愛的孩

子。」我爸爸會點點頭，笑一笑，露出很滿意的樣子。

　　我還可以再給一個例子。這是我唸小學的事情。

　　我媽媽跟我的老師是好朋友。有一次，同學們都已經在教室要上課了，我遲到走進教室，來到老師面前。

　　我跟老師說：「老師，我剛剛買了土豆，你要不要吃？」

　　老師說：「好，好，去坐，去坐。」

　　後來，老師就跟我媽說到這件事情。我媽就說：「你要打她啊，叫她罰站啊！這樣很不禮貌！明明都上課遲到了，還敢問老師要不要吃土豆？」

　　老師說：「唉，她這麼可愛，我怎麼罵得下去啊？」

　　老師都擺明說罵不下去，就因為眼前這個小不點很可愛啊。

　　這個老師現在都還健在，他還叫我去他家看他。他跟我說：「老師最疼妳，妳記不記得？」我當然記得老師啦，只怕老師不記得我而已。就算老師現在已經七、八十歲了，還是跟我媽說我小時候好可愛，當時他根本沒辦法罵我。

　　當然，這並不是很好的例子，我舉這個例子只是要告訴你「可愛」有什麼好處，為什麼你就是一定要學會撒嬌。

第三章
克服「不敢撒嬌」的障礙

不同的人對於撒嬌的態度

每個人對於撒嬌的態度,都不太一樣。

對你來說,撒嬌究竟是什麼?我們先提出幾個問題來探討一下。

第一個問題是:你覺得被撒嬌的感覺是什麼?

_____

_____

_____

第二個問題:你在撒嬌的時候,自己的感覺又是什麼?

_____

_____

_____

　　我們來看一下,大家對「撒嬌」這個主題有什麼看法,自己研究研究,了解自己也了解一下別人是怎麼想的。

A:我覺得,這個主題討論起來還滿複雜的。

B:這個主題還有點尷尬。

C:一直以來,我都以為女人比較會撒嬌。可是我最近聽到某些男生講話,他們好像撒嬌撒得很厲害,而且覺得很有趣,怎麼會

跟我的認知不一樣？

D：我覺得，好像連對撒嬌的定義都不太懂，因為平常也沒在做。

E：我覺得，我平常並不是撒嬌，而是很強硬地去要求對方。

F：忽然間要我解釋這個東西——我才發現平常原來不常撒嬌，要講的時候並不是很舒服。

G：自己撒嬌跟被撒嬌，那種感覺都是很可愛的，很舒服。

H：我覺得撒嬌這一招如果真的會用的話，真的是吃喝不盡。

I：就是服務對方，讓對方很舒服——他爽我就爽。

J：我覺得這是一個遊戲。可是不管是好的還是不好的撒嬌，不管對方開不開心，自己就是很開心。

陳顧問：

沒錯，當你在撒嬌的時候，你要很開心，這是重點。

K：就是讓對方開心，自己也會覺得爽。

陳顧問：

對，會撒嬌的人就會有這種感覺。

L：因為已經忘記撒嬌跟被撒嬌的感覺，所以變得很難以面對這個話題……我對那種感覺很模糊，似乎沒什麼印象。

M：我覺得撒嬌是雙方一定的默契，在撒嬌時彼此都會很舒服。

陳顧問：

　　沒有，那是你個人的感覺。實際上，撒嬌是單方的，跟對方沒關係，撒嬌是從你自己這一端發出去的，所以不需要有對方的默契。這是一種功力。不過，如果是情人又已經有交情，那撒嬌就會有默契，這倒是真的。

N：感覺好尷尬……

陳顧問：

　　這是你常常給人的感覺。所有認識你的人，都知道你經常很尷尬，而那種尷尬本身，就是一種可愛。這就是為什麼人們常常對你的舉止覺得納悶：「咦？她好像不太OK？」實際上，是你很尷尬，但還是會讓人覺得很可愛。

　　所以，你很尷尬的本身就是一種可愛——而且你很喜歡很尷尬，經常很尷尬，但對別人來說，你很可愛。你每次都不好意思來、不好意思去的，這就是一種可愛。

　　對你來說，這種尷尬會不好意思、會臉紅，但如果是一種很可愛的表情，那個尷尬本身就是一種撒嬌。「歹勢」本身就是一種可愛。

臉漲得通紅，有時對撒嬌來說效果很好，只是這算一種「失控」！這樣的臉紅如果夠直接，就會很可愛。但因為是失控的，所以有時候你不想臉紅、不想「歹勢」，但全世界都知道你很尷尬，這就真的「臉紅」啦！

O：我覺得我不會對每個人都用撒嬌。有些人會，有些人不會。

陳顧問：

很簡單，這是偏差心，類似所謂重色輕友之類的感覺；這是你的勢利眼。

有些人的撒嬌就是這樣，是選擇性的。高興的時候很會撒嬌的，不高興的時候「恰北北（台語，形容女孩子脾氣不好，很潑辣）」。當然，這也不過就是個工具而已──哪有人一天到晚拿鐵鎚出來用的？有時候用，但不是所有時間都會用，也會用不同的工具，但它就只是一種工具。

重點是你想要用的時候，你要會用。

選擇性的撒嬌，也是撒嬌，如果你只想對某人或某些對象好，這是你的權力；只是希望你能廣泛地對自己、對別人撒嬌，增添自己及他人更多生活樂趣。

P：撒嬌的時候，我覺得好開心啊！

陳顧問：

如果你在撒嬌的時候自己很開心，這樣的人就比較會撒嬌，而且可以修正成為讓別人覺得舒服的撒嬌；而不是只有你自己舒服，但別人覺得很噁心，那是不一樣的。所以，你要學那個「撇步（台語，意思為訣竅）」在哪。

但是基本上，撒嬌練到最後的感覺是一樣的——你會覺得撒嬌好快樂。

以我來說，我非常喜歡撒嬌，沒辦法叫我不要撒嬌，那就像剝奪我生活的樂趣。當我在撒嬌的時候，同時也覺得放鬆，且更能夠完全地表達自己，是一種輕鬆自在的瀟灑。

撒嬌本身，是一件極度快樂、幸福、有趣的事，生活裡絕對不能欠這一味。就像我為什麼要戒冰淇淋？為什麼要戒巧克力？這是一件非常舒服、快樂的事情，我幾乎每天都吃巧克力——好吃啊，我就是喜歡啊！

你要有這種感覺，就會比較自然一點。

你自己覺得撒嬌很開心，這很重要。你必須要先喜歡這個東西。

就好比說，你很喜歡講日文，講起來就會有快感，你喜歡英文，你就會覺得會說英文很棒，每天都很喜歡去接觸它，會去聽英文歌曲、講英文演講、主動和老外交談，那個感覺要先有。

在這裡讓你知道，每一個人對撒嬌都有不一樣的態度。你可以培養自己在生活中人際關係的撒嬌態度。

我該如何去克服「不敢撒嬌」的障礙？

其實，有很多人明明是喜歡撒嬌的，卻又不敢撒嬌，為什麼？

不敢撒嬌，是一個很常見的「過程」。我們在生活裡，常會有很多東西做不好，會讓自己覺得很挫敗，不敢撒嬌跟不敢打籃球、不會打躲避球、不敢穿迷你裙、不敢跟陌生人講話等等的這些事情，其實都是一樣的，就只是一種障礙。

怎麼去克服這樣的障礙呢？因為你覺得不好意思嘛！

要解決這個問題其實很簡單。首先，你要了解什麼是撒嬌，再來就是練習的問題了。如果有練習，你在撒嬌的時候就會比較舒服。遇到各種不同的情況，你也比較容易面對；如果沒練習，當然就比較不舒服啦！

譬如說，要上台表演，不管你要彈鋼琴、唱歌或是演奏小提琴，這些通通都是要透過練習的。不敢上台，也是一個問題──你為什麼不敢上台？這些事情大家都一樣，雖然有各別差異，但不可能天生就會。

第一次要上台你當然會怕，怎樣才不怕？練多了就好了啦！第一次要面對攝影機，當然會覺得不自然；等到你拍多了，拍了幾千次了，自然就好了。要能舒適自在地面對任何事，完全是靠練習的。

有時候，你以為自己練得夠多了，但當要實際上場的時候還是一樣會怕、會緊張，尤其是在你不熟悉的環境下，或有一陣子

沒做，就會再緊張起來。所以，最好的辦法就是經常做，保持練習，讓自己像是個經常上場比賽的球員一樣，讓撒嬌變成家常便飯，就會大大改善緊張所帶來的不自然。

為什麼有的人能夠交遊廣闊？有些孩子從小就比較容易被人家讚賞？為什麼這個人比較可愛？為什麼這個人比較能撒嬌？為什麼這個人撒嬌起來是比較自然的？

這種特質並非與生俱來，而是經過不斷地磨練學習、經驗累積的成果。這跟所謂的「才華」是一樣類似──「才華」是練來的，是不斷努力得來的。

若真的仔細研究，也不是什麼天大的秘密。這些練習都很正常的，首先就是要「敢」嘛！就像你不敢騎機車，很多人考了駕照還是不敢上路，只要練習就好。

為什麼要提倡撒嬌，要告訴你怎麼去撒嬌？就是希望你能夠提早練習，越早越好。如果你在孩子的時候練習，當然不會覺得不好意思；越長大才要去練，就越覺得尷尬，越覺得難為情。但你能因為自己年紀大就放棄練習嗎？NO！咬著牙練，撐過就好。

至於有男女朋友的，兩個人互相學著撒嬌，是最好的方法。所以，我提倡大家早早結婚，早早去戀愛，早早學撒嬌，就會進步。這就是你要去了解的一個道理。

撒嬌讓我超尷尬……

有人會覺得：「撒嬌讓我超尷尬的！」這種感覺，有時候只是個動作，或某句話之類的，如果做不好，就是撒嬌變成撒野，好像很任性一樣，就是胡亂做、亂講、亂「盧（ㄌㄨˊ，台語，讓人感到很厭煩，糾纏不清）」，或是硬強迫的感覺，那種撒嬌還真的怪可怕的。

可是，如果姿態、身段是夠柔軟的，你跟他「盧」就是一種撒嬌；如果那種「盧」變成是很強勢的、一定要人家怎樣，那就不可愛了。

如果是「啊～好啦，好嘛～好不好啦，你可以吼！」，那也是一種撒嬌，一般來說是有用的。可是如果你強人所難，一直盧、一直盧，毫無理性，就不可愛。

「盧」的撒嬌方式，在節骨眼上用一下，像突然吹到一陣春風，很舒服；可是如果你從頭到尾都用盧的，那就不可愛了，就變撒野了。

但是，你之所以會覺得尷尬，就是因為你不常用。這就像叫你講英文也很尷尬，沒什麼奇怪的。只要是你不會的東西，就很尷尬。

我叫你跳舞，你也會很尷尬，開始學跳舞，就非常不好意思，

感覺很奇怪,好像內褲要跑出來了一樣。

叫你左腳跨一步,右腳往前一步,如果是會的人,他就會做得很正常;不會的人就一定會很尷尬、很緊張、很「ㄞ勢(台語,不好意思)」。

要叫你扭腰,會扭的人就很自然地扭;不會的人就很尷尬,心裡一直在想:誰在看我、誰在瞄我,而且彷彿全身都歪了一樣,非常難為情。

他應該要很認真地扭,可是他一邊扭,一邊在想:「這樣很不好看吧,不好意思啦!」,就跟你撒嬌一模一樣。只要你不會,你就會有尷尬的階段。

「好,現在來親一下。」

「哇!親一下?那多尷尬啊!」

沒試過,當然就很尷尬,所以就很害怕、很刺激。你一開始跳ChaCha的時候,所有的人都跳得正經八百、一步一步來,因為他不敢扭;也有一種人很三八,他會亂扭,哇!好像他很進入狀況一樣,旁人看了都「Oh my god~!」,那所謂的尷尬、不尷尬,就是你自己舒不舒服,重點在於個人的感覺。

再以穿高跟鞋為例,會穿的人就很自然地走,不會穿的人就很尷尬,本來沒人知道她是穿高跟鞋,可是她那副尷尬的模樣,讓所有人都知道她穿高跟鞋了,因為她走路有點像七爺八爺,看的

人都替她難受。

所以,「會」跟「不會」就是天壤之別。

這就是為什麼要去學、要去練一樣東西,你得要知道學那個東西的意義在哪裡。你要知道它的好,你不要想不勞而獲,你不要以為天生下來就會,No!就是練。不要想偷工減料或投機取巧——不是真的會就是不會,就是做不來。

這些所有的感覺,跟剛剛講的學跳舞,或是女孩子不習慣穿性感的衣服,突然跟妳說要露乳溝,「露乳溝?Not my style!」

但是,常常露乳溝的人就會穿得很漂亮,因為她會很自然地展現乳溝,卻不會一直去想著這件事,表現的落落大方,自然美麗,而不會一直很困窘。

至於沒有露過的人就會有這樣的想法:「呃⋯⋯我胸部會不會太大?」

「會不會看起來太小?」

「太低了吧?這樣不好吧?」

你會看到她遮遮掩掩,老是做一些很奇怪的動作,要不然就好像故意要給人家看,都很奇怪,因為她不會這樣穿,所以很難受,感覺不自在,搞得其他人也尷尬了起來,因為感受到她的不舒服。

至於那些會露乳溝的人,穿起來就很自然,像穿兩截式的衣

如何撒嬌
讓生命更精彩的秘密

服，露肚皮，那都要練。這也就是為什麼女孩子穿細肩帶，肩膀跑出來，或是穿迷你裙露大腿，或是穿靴子、穿高跟鞋，有的人好看，有的人卻很彆扭？因為這些都要練。

我常在台北街頭看到一些人的穿著，心想：「這樣也能穿喔？穿那麼難看，實在有夠難看的！」，可是她自己不覺得，而你會覺得很難受──因為他的表情不對。

也許她想表現出很性感的模樣，但是看起來卻像一隻豬走過來，哇！看豬走路。為什麼？她很尷尬。

她穿了高跟鞋，可是她走路不是很優雅，因為沒練過。她只是穿，從來沒有琢磨，沒把它細細地雕琢過；女孩子梳任何一種頭髮，也都必須練習過，每一樣東西都要練習過，要搭配，要自然，要讓人賞心悅目。

所以，為什麼你看那些明星抓一抓頭、撥一撥頭髮，姿勢都很漂亮？不會的人就是很難看啊，可是會的人做起來就很容易，也很好看，不管他怎樣弄，都會很好看。

因為你的撥一撥、弄一弄，都跟撒嬌有關。你要讓這些動作變得很自然──就像你生來就是如此般地自然。

我這樣撒嬌，會不會太三八？

撒嬌對很多人來說，心裡有非常大的衝突。有些人本來就會撒嬌，他也很喜歡撒嬌，在生活中他也常在撒嬌，這是一塊。

另外一塊，他還是會覺得很尷尬，覺得不自然，覺得：「我是不是不應該撒嬌？這樣會不會太三八？」

「人家會怎麼看我？我現在有沒有撒野？」

「這太過頭了吧？我到底在幹嘛？」

很明顯，這兩個東西是互相衝突的。一邊撒嬌，一邊擔心，自己都搞混亂了。

我告訴你，這兩個衝突是怎麼回事。

喜歡撒嬌是對的。從小就會，你本來就在撒嬌，而且你還在撒嬌，也很享受撒嬌，你在生活裡面有在撒嬌，所以很吃香。

以女生來說，這樣的女生會比一般的女孩子受歡迎。男孩子會比較傾向喜歡這種型的，為什麼？因為她會撒嬌。

可是還有另一部份，很衝突，有時候是你的性格上有些問題，也就是所謂的偏差錯亂——你的個性，還有你的不品格，讓你把這些撒嬌好或撒嬌不好的印象全部混在一起，所以就開始覺得困惑。

比如說，你對不該撒嬌的人撒嬌、在不該撒嬌的時候撒嬌，或是你做了一個太野蠻、太過頭、不對焦的撒嬌，這就是技術上的問題。

比如說你修車，明明在修的是BMW，你卻拿TOYOTA的零件放上去，那豈不是會出問題？就算能用，但內行人一看就是不對嘛！

舉這些比喻，是讓你瞭解在技術上發生了什麼問題。如果你的電腦軟體用的是盜版，你在用的時候，心裡就會覺得怪怪的；一有人要來查，你就趕快把電腦關掉，你的行為會變得很奇怪；那你開始變得尷尬與不正常的這個部份，就跟你「不品格」的行為有關係。

講一個更嚴重的──你利用撒嬌去得到你原本不應該得到的東西，你就會覺得撒嬌是個很賤的行為。

假設，你去對一個你不應該撒嬌的人（比如有婦之夫），做出一個不應該做的撒嬌，你去挑逗他跟你做愛，或是挑逗他幫你買東西，但是你自己心知肚明，其實自己不應該叫他給你這個便宜──這是做一個比較嚴重的比喻。

從此之後，你就開始覺得怪怪的，當下一次要做同樣的撒嬌時，你會有點害怕或不自在。因為你會想：「這樣會不會不對？是不是不應該？」

嗯，這麼一來，你就喪失原來應該有的能力了。你的撒嬌就變質了，沒那麼可愛，沒那麼自在了。

這就是「人在做，天在看」。

你小時候天天撒嬌都沒事，為什麼長大撒嬌會覺得害怕？為什麼會怕別人看到？

答案有兩種情況，我剛剛已經提過，再重新彙整一下。

第一種，就是媽媽罵你、老師笑你、跟你說這樣不好，或是撒嬌撒不好的時候被罵，或是你在人家心情很不好的時候亂撒嬌，所以挨了一巴掌，搞不清楚發生了什麼事。

因為你是小孩子，不太清楚對方在生什麼氣，你平常跟他撒嬌都沒問題，那天他不知道吃錯了什麼藥，你也不知道發生什麼事情，就跑去對他撒嬌，他跟你大吼著說：「走開！滾！」

你以為完蛋了，從此就不再跟這個人撒嬌——那是因為你在撒嬌技術上的拿捏不夠精確；也因為受到挫折，別人說話的不對焦或環境的影響，使你受到打擊。因為分不清楚情況，覺得困惑了。

這是第一種情況。

另外一種，是因為你不品格的行為。你的撒嬌，本身的意圖就是不乾淨的，方向就歪掉了。一旦歪掉之後，你就會覺得困惑，

就開始分不清撒嬌到底好還是不好，心裡面會有嚴重的拉扯。其實不是撒嬌的問題，是因為意圖不對，你不曉得，以為錯在撒嬌。

在這兩種情況之中，第一種是絕對正確的，錯不在你，而是環境的問題。

然而第二種卻是不該有的，錯在你，是你自己的問題。

可是，你把這兩個狀況混在一起，所以你會想：「撒嬌不好」，於是就陷入天人交戰的局面！

這又回到我們最喜歡討論的主題：品格。連撒嬌都要講品格，哈哈！

所有的事情，到最後你會發現，就是正邪兩邊。「正」的永遠是好的、對的，這些事你都會，天生的，就是要了解，知道不是自己的問題，就要繼續堅持做下去。

但是，因為有不品格──所謂的不品格，就是你做了你覺得不該做的事情──不是我說的，而是你自己覺得的，那個東西就開始把你的人生攪和，搞不清楚是非對錯了。

原因很簡單──你做了你不該做的事。當這種品格問題產生時，會造成你的害怕、擔心、困惑等等種種，你就會失去或減低撒嬌的興趣或能力。

這就是我的人生態度！

不敢撒嬌，就是被壓抑之下的犧牲品。我們都被教育成這樣，不能隨心所欲地講話，不太會表達感情，所以長大之後，有些時候、有些地方他看起來是呆呆的。

你自己想一下，當你很嚴肅的時候，你喜歡自己這樣嗎？如果你不喜歡，答案就是：NO。如果你撒嬌覺得很舒服，那就該選擇這樣的生活態度。

這種態度並不是套公式，不是指在所有的情況之下，都要像個機器人似地去對人撒嬌。搞不好有些場合需要嚴肅的時候，你還一直撒嬌，那就完蛋了！你還很不識相地去跟對方說：「這就是我的人生態度！」

這樣，你就會一直跟別人吵架，惹人討厭，人際關係當然不好，交友也會有困難。

你要知道，並不是說你為了討好對方，裝出很嚴肅的面孔，他就會喜歡你。你會想：「不是你要我很嚴肅的嗎？我是配合你啊！」

當你這麼嚴肅的時候，他還罵你兩句，嫌你一點都不可愛，不討喜；你就覺得很冤枉。

這就是你被人家教呆了。等到你真的要撒嬌的時候，你變的不

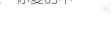

會了！你不懂對方心裡真正要的是什麼。

　　我舉一個例子。

　　有一次，我要去拜訪一個朋友，我請助理先打電話過去問候一下。對方跟助理說：「唉呀，太麻煩了，不好意思啦，不必來沒關係。」

　　然後，助理就告訴我：「對方很客氣，說不必麻煩，叫我們不必去了。」

　　我說：「笨蛋，你被騙了還不知道？」還是過去拜訪他。

　　後來，對方見到了我，就說：「唉呀！不是叫你不要來嗎？你怎麼還來？」可是，你可以感覺到他是很開心的。

　　他叫你不要來，那是因為他替你著想。但是這不代表你可以不去──你更應該去！去，是要表示你的誠意。

　　所以，這就高招了吧？說不要去就是要去，說要去就是不要去……那到底是怎樣？

　　重點不是字面上的意思，而是你要懂對方心裡真正的意圖，他的心意是什麼。

　　再舉一個例子。就像你爸媽住南部，你住台北。他們上來台北拜訪親戚，打電話跟你說：「我知道你工作很忙，就不必來看我們了。」

好，如果你真的聽他字面上說的，就不去看他們——你就是笨蛋！一定要去，懂不懂？

這就叫誠意，這就是人與人之間最後的底牌。他心裡有一張牌，在審視你的一舉一動是不是有誠意，但你都不太曉得到底是怎麼一回事。他叫你不要來，是因為他替你著想，那是他的一番好意。

那你該怎麼說？

你就說：「媽，謝謝妳這麼地關心我，這麼地為我著想，我真的很感動。可是妳好不容易來到台北，而且我也很想見妳，無論如何我還是要去看妳一下。雖然時間滿晚的，就算是見面聊個十分鐘也好。」

哇！不得了，你回應了對方的好意，她就會到處去跟人說：「你知道嗎，我媳婦多乖！」，「我女兒多孝順！」她就會非常開心。

有時候，你贏來的讚賞或是好運，你自己都不知道是怎麼來的——其實就是去撒嬌一下，沒什麼祕密，這才是你應該要有的人生態度啊！

那你會說：「他就是很嚴肅啊！他叫我不要去，那我就不去了，有錯嗎？我很乖，很聽話啊！」

錯！你這樣做根本沒人欣賞！永遠被人討厭，乖到被人罵，甚

至讓人瞧不起⋯⋯有用嗎？

你很乖，很聽話，要幹嘛？他很嚴肅，一板一眼，那你就去跟他撒嬌一下。那也沒有不聽話，人家還是會覺得你有心、可愛、懂事，就會比較喜歡你。

「真的不要過來。太晚了，你們就睡覺了吧。」

「沒關係啦！看一眼，抱一下，我們就走了，不打擾太久。」然後你去看了他們，就趕快回來，他會甜在心頭的。

可是，你有沒有這個膽？你的人生態度是這樣嗎？

你要有這個膽：我的人生態度就是來跟你撒嬌一下，然後就走了；揮揮衣袖，不帶走一片雲彩。

第四章
其實，你本來就會撒嬌！

其實，你本來就會撒嬌

A： 我想到我小時候，真的很喜歡撒嬌。腦海浮現了很多的影像，
對著大人們擺了很多姿勢，哈！真的很三八！但是印象中真的
很開心，會覺得自己好可愛喔。可是，現在我如果沒有撒嬌成
功，我就會很想把對方打死……哈哈！

B： 我覺得撒嬌是一種很愛對方、會包容對方的感覺。

C： 我覺得撒嬌是要有對象的，就是你可以對他敞開心胸，跟他是
很親近的關係。

D： 對於撒嬌是什麼，我解開了很多疑惑，有種想哭的感覺。因為
以前都不曉得撒嬌是要幹嘛，或是很難面對。回想起來，以前
也是很會跟大人撒嬌，反正就是有撒過嬌。但是因為對定義不
懂，所以都覺得說這是很奇怪的行為。

E： 我覺得，撒嬌就是要雙方都可以甜甜的。我覺得撒嬌非常有
趣。

陳顧問：

撒嬌非常有趣，你應該要很enjoy。對某些人來說，撒嬌好像很
困難，你應該知道這沒什麼好奇怪的，就像有人覺得聽英文比較
難，有人聽日文就很順一樣。

像我學日文就覺得比較容易，如果你常看日劇，你就覺得日語

或日文歌聽起來很親切，那都是一種熟悉感。

可是有很多人提到撒嬌會有些不好的情緒，像是想要哭，或覺得很尷尬，或是講到這個主題覺得很難做到，或根本不願意面對，覺得討厭、可惡、想殺人……其實都是一樣的，都是因為受過壓抑，就像猶太人被希特勒摧殘過，那種「恨」就會讓你很難撒嬌。

其實你本來就會撒嬌，你從小就喜歡撒嬌。每一個人都有他的方式，男人、女人都一樣，小男孩很會撒嬌，也很愛撒嬌，他的方式跟女孩子不見得一樣……其實，每一個人都不太一樣。

你可以自己回憶一下：從小你有多愛撒嬌？你有多enjoy撒嬌？

你甚至還會覺得自己是個滿會撒嬌的高手，自己的撒嬌滿成功的，滿有成就感，也能贏得人家的心。你知道撒嬌是管用的，你也知道你用撒嬌這一招，可以搞死多少身邊的大人。

因為撒嬌就很可愛啊，從小大家都知道，不管是男的還是女的，只要用這一招，大人幾乎都會中招投降。

所以，小孩子想盡辦法撒嬌，媽媽就說：「好啦，好啦！」

「叔叔～我要吃那個～那個啦～」

「好好好，買給你。」

每個人從小就知道該怎樣利用這一招，其實大家都一樣，從小就會，你也會。

你都知道要怎麼笑，那個叔叔就會買冰淇淋給你。

你知道怎麼撒嬌，媽媽就會拗不過你。

你知道怎麼講，爸爸就會屈服，好像驅神一樣，叫他走那裡他就會走那裡。

你知道要怎樣「盧」爸爸，他會不生氣。

你知道怎樣爬到他頭上；你知道怎樣可以騎到他背上。

你知道怎樣跟他說：「爸爸，你把我舉起來，我要飛起來！」叫爸爸做很多事。

像我小時候，很喜歡叫爸爸坐在那裡，把我躺下去、坐起來，躺下去、坐起來，就跟爸爸說我要那樣玩，然後你就說：「爸爸開始玩，開始玩！」爸爸就會玩，不管他多忙多累，好像很無奈，哈。

所以你就知道一件事實：嗯，是可以這樣撒嬌的。

那麼，跟爸爸撒嬌及跟媽媽撒嬌的方法不一樣，怎樣跟阿嬤撒嬌？也不一樣；怎樣跟叔叔撒嬌？你也都知道；一發覺到那個人不能撒嬌的，你就不理他。沒有一個小孩不知道這些事。

那為什麼你比較不會？因為親戚太少？或是媽媽從不帶你出門？或是你不太跟鄰居玩？

如果你媽媽沒在外頭工作，你在家裡只有跟媽媽相處，那你的

撒嬌很有可能就會變成那種一直「盧」、一直「盧」,或是你的撒嬌方式受到侷限,不會變通——如果你的撒嬌方式只能對一個人有效的話,就不太有建設性。

可是,如果你媽媽在上班,或是你家裡在做生意、開雜貨店的,常會接觸很多人的那種場合,小孩子就比較會撒嬌,而且他會很清楚在什麼情況下使用哪一招。這是練習來的,不怕生的小孩接觸的人多,撒嬌機會也比較多,這是次數與機率的問題。

把這個「罩門」練起來

其實小孩子本來都會撒嬌，但長大了之後，這個社會、周圍的人對於撒嬌有太多的評估與貶低；大家就會覺得既然撒嬌有這麼多的評估貶低，就不要去做這個很危險的動作。

因為對方不喜歡，你就會很掃興——為什麼你在撒嬌的時候，會很在乎別人不喜歡？為什麼你在做別的事情的時候，別人不喜歡，你卻不在意？這也是一個很變態的地方。因為你就是在撒嬌這個地方特別容易被打擊，好像這是比較隱私的話題，是你比較脆弱的罩門。

這也是為什麼你要練功——把這個罩門練起來，比較不怕被打到。

當你去撒嬌，但對方不喜歡，你就會覺得很挫折。而你百思不解，不知道為什麼會這樣？其實你應該去想，當你去做一件事情，人家不喜歡的時候，有兩個方法：一個，就是你不對他這樣做。另一個，就是去找出他喜歡的方式——如果你真的那麼在意，如果那是你要撒嬌的對象，你就應該要去找出他喜歡的方法。

就像妳是一個家庭主婦，妳一直煮飯，可是對方就是不想吃妳煮的東西，妳還是拼命煮，堅持要煮，這也很奇怪。

你媽媽一直煮,你不愛吃,一直堵她,她也一直罵,整頓飯都一直罵,搞到兩個人都很生氣。

這時候,你只有兩個選擇:一個就是跟她幹到底,誓死不從。

另一個就是為了不讓她罵,只好吃了。不管怎樣,都變得不是很愉快。

媽媽這樣子的行為,其實很任性。別人就不愛吃,她就一直罵:「我煮得這麼辛苦,你都不吃,以後不煮給你吃了!」

這樣的話,大家以後就想:「到底是吃,還是不吃呢?」吃了很不爽,不吃又不太對,很沒意思嘛,對不對?

以撒嬌來說,跟煮飯的狀況是一樣的。如果你撒嬌,但是對方不喜歡,你當下只有兩種選擇:不撒嬌了,或者是你很固執地用這個方法繼續撒嬌,就這兩種方式──其實這是很狠的事情,對不對?

不理性的人就會堅持說:「我就是要這樣。」

在比較明理、比較正常的情況之下,你應該去考量對方喜歡怎樣的東西,然後你去做出那個東西,這就得看你的水準與能力。如果你的能力真的夠好,你應該有辦法做到對方滿意。所有真正會煮菜的人,應該都有辦法做到這點。

比方說,你喜歡吃辣,那我就加點辣──即使我不吃辣,可是我加點辣給你吃,因為你喜歡吃辣嘛!甚至還可以去研究哪一種

辣味好，還有對方喜歡的是哪一種辣。那是一種人的格局。

所以，真正會煮飯的人，其實也不多，因為大部分的人只會煮他自己愛吃的。可是，真的會煮飯的人應該是怎樣的境界？他應該要可以配合你的口味，而且他學得很快。不管什麼料理，他都可以隨時變化，他可以做出你喜歡的口味，這就是最高境界。

當然，要達到這樣的境界很難，做不到也不必太挫折，因為達到這種水準的人很少。你不必太過度去苛求自己，可是你也應該要了解，那個境界是可以達到的！

學習的時候，應該要有這樣的態度，要知道最理想的情況是什麼樣的境界。

要練習撒嬌，最理想的狀態就是做到讓任何人都可以開心。你應該要有努力的態度，愈練愈上軌道，而不是做不到就：「哼……不練了。」那就跟煮飯煮不好就不煮了、下棋輸了就掀桌子一樣，很任性、很幼稚，反正就是輸不起。

像小朋友一樣撒嬌

我們有一個小朋友學員非常會撒嬌，他去外面吃喝不盡，簡直可以用騙吃騙喝來形容：一下有炸蝦餅，一下有爆米花，一下又有薯條，他可以在商場裡吃香喝辣，為什麼？就因為他可愛。

那他怎麼可愛？他知道他可以用哪一招，他知道他要怎樣笑，你會被他迷走；他也知道要怎樣跟你說話，你會再給他一包爆米花；他知道要怎樣再拗一拗，他會多一個紅豆餅……這些他都知道。怎樣學的？

不用學，他會的你也都會，只是你「刻意」忘記了。

只要你不去壓抑小朋友，他自然會撒嬌——因為小孩子從小就會撒嬌。你只要不罵他、不打他，這是很自然的事。但是如果他的情緒不好，就沒辦法撒嬌。

撒嬌本身是甜蜜的，是讓人覺得很開心、很快樂的，而且他一定要情緒好，否則就撒不出來。你只要一巴掌拍下去，他就絕對不可能會撒嬌。

小孩子天生就會撒嬌，從他一開始出生就會。他看到你會笑，他摸你、抓你，都是一種撒嬌。

所以，嬰兒抓住你的手，把你搖來搖去，你會很高興。他抓住你的頭髮，你不會對他敲下去，你會覺得：「喔，他在扯我，他

在跟我講話。」

「他好有力喔！真是有趣。」

其實他沒什麼意思，他只是把你亂弄，可是所有抱著嬰兒的人都會很快樂，他就是這樣開始撒嬌，用盡全身的生命力去溝通，用盡自己的活力去跟你玩。

撒嬌是天生的能力，想要表達親和力，想要表達愛意，想要表達跟你親近的感覺，想要表達喜歡你，想要跟你有互動，那個本身就是一種撒嬌。

所以，見到小孩子撒嬌，你不要罵他；他拿著調羹在那裡敲來敲去，看著你笑，他就是在跟你撒嬌。你去到朋友家，他的小孩會拿東西給你看，跟你說：「我有這個！」，跟你說：「你看，我受傷了！」之類的，小孩子就喜歡這樣。

他如果穿衣服，他會秀給你看，告訴你說：「我有新衣服、新鞋子」，他會這樣，而且他不會覺得不好意思。他就是這樣一直要秀、一直要秀，你知道他的意思，回應他說：「喔～鞋鞋喔，好漂亮喔！」他就會很高興，笑得很開心；不是笑得很端莊的那種喔，他是笑到身體好像失去平衡的感覺，你就知道他很高興。

那個樣子，也是一種撒嬌。

小孩子靠過來，會問你：「要不要吃餅乾？」有表情、有動作，那就是撒嬌。從小孩子身上就能看到，你不可能不會。只是

你會說：「我又不是小孩，如果我這樣，會被人笑死。」——這完全是你想的。

如果你還能像那樣保持純真無邪的意圖，其實是很好的；但是你已經喪失了你的能力，你忘記從小的時候，就是會這樣撒嬌。

如果給女孩子穿件洋裝，她會擺動裙擺，做出很可愛的表情及動作，這就是撒嬌；如果你把她打扮得漂漂亮亮，她會抓著她的辮子，如果她有一個很好看的髮飾，她會玩弄它，讓你注意到；這就是她的表達。

因為她有時候還不太會講話，可是她很小就懂得這樣做，引起你的注意。

所以，如果她喜歡她的鞋子，她會表現出來；如果她有個腰帶，她也會表現出來；如果她有一條項鍊，她會看你有沒有看到，然後她會做出很多種姿勢；如果今天媽媽給她梳包包頭，她好不容易有這機會把頭髮梳起來——我們小孩子的時候是這樣，如果要去宴會，媽媽會幫你梳包包頭、夾夾子之類的，那女孩子就會特地跑來跟你說「嗨」，還搖首弄姿的。

你心裡想說：「她在幹嘛？」，看起來有點三八是沒錯。

但是，這個三八，就是可愛。這也是她在練習「如何撒嬌」的開始。

我們長大之後沒有繼續練習，甚至還被說：「不准這樣！」，慢慢的，你就忘了該怎麼撒嬌了。

小時候你會說：「怎樣，我頭髮好不好看啊？」可是長大之後就不敢講了；更嚴重的是，連打扮都不敢了，因為「被看到這麼漂亮怎麼辦？」你甚至不敢想讓自己很性感，因為長大了會有「性感」這個東西。

小孩子沒有「性感」這個問題。他都是三三八八的，屁股露出來也不會怎樣，可是長大之後就多了這個問題。

「哎呀！胸部跑出來了！」

「哇～迷你裙，漂亮的大腿！」

那個「性感」本身也是一種撒嬌，一種可愛，也是一種美感──只要你把它處理得很可愛、很得體。

如果你要把撒嬌表現得很「性感」，好像要引誘對方上床，那又不一樣了。不是不可以，但那是另外一種意圖；在撒嬌裡頭，絕大部分是屬於「可愛」的，有甜蜜的感覺。

長大之後不好意思，你就開始不敢穿，穿性感的時候就不能撒嬌，你就只能表現得很端莊，或是很酷，好像穿得很性感就突然變得很冷酷，冷到嚇死人，難以親近；就少了一份跟人之間的柔和感。說穿了，就是自己會有戒心，會怕尷尬，就不可愛了。

所以，跟小孩子學撒嬌，這是非常好的方法，因為小孩子天生

就會。我們每一個人都會──我不相信你當小孩子的時候從沒撒嬌過，每個人都會撒嬌！只是有些人在成長過程中被壓抑掉，還有很多不好的教育，也會抹煞掉你撒嬌的能力。

比如有人會說：「你這麼大了，不要這麼三八！」

「你這樣很丟臉，你知不知道？」

有時候媽媽會這樣罵。於是你就開始覺得「喔，好，我長大了，這件事不能做了。」還滿委屈的，你就不太快樂了，因為失去了小孩子時候的樂趣，所以還滿懷念小時候的時光。其實不應該這樣，你要能夠保持童心繼續撒嬌，把這項技能發揚光大。

有一次，我跟我先生開車過馬路，看到一個小男孩好可愛，我就跟我先生說：「Oh, so cute.」

我先生說：「他長大可能就不可愛了。可是，我是長大了還是跟他現在這樣一樣，很可愛。」

他自己笑的很得意。因為他這麼老了，都還是跟五歲一樣可愛！

重點是，要怎樣保住這種可愛的感覺？這才是關鍵。

想一想你小時候是怎樣撒嬌的，對你會有一些幫助。忘掉那些壓抑、貶低，做回你自己，開心的撒嬌，你就會找回那份樂趣及可愛的感覺。

他，還在等你對他撒嬌

其實，每個人從小都有撒嬌的機會，可是你要看你的教育方式；慢慢長大之後，要不是別人不准你撒嬌，或是情緒低落、升學壓力大，或是撒嬌時媽媽不理你，或是被一巴掌打下去，你就忘記該怎麼撒嬌了，甚至覺得撒嬌是件很可惡的事。

你在撒嬌時被罵、被取笑，或是你看到有人撒嬌很三八，看他撒嬌很噁心，你覺得他這樣無理取鬧好野蠻，「這女孩子怎麼可以撒野成這副德性？」

你會自動停止撒嬌這件事。

因為有人長大是沒人教的——從小是撒嬌，可是她可能沒了爸爸或沒媽媽，或是家裡家教不好，她長大了還是繼續撒嬌。

但是，她的撒嬌很三八，再搭配上她的野蠻個性，跟她本身的不夠細緻，撒嬌起來就讓人覺得很粗俗——有點像沒家教的野孩子，穿什麼、講什麼都不太對勁，你看了之後，就覺得：「這不是我要的」。

更慘的是，你就把撒嬌的定義套用在這種三八的人身上，以為這樣叫「撒嬌」，你就從此再也不撒嬌了。

長大到某種程度的時候，你開始「歹勢（台語，不好意思）」，可是你沒有突破那個關卡，就會覺得：「這招是小孩子用的」，所以你不再用了。

現在，請你再回憶一下，去找出那些小時候你撒嬌的對象。假設是你的舅舅，你現在已經長的很大，你現在再去跟他撒嬌，有沒有用？

我敢保證，百分之百還是有用。但是，你已經不敢撒嬌了。

可是，你一定沒想到，他還在等你撒嬌。

對他來說，你還是小時候那個可愛的外甥、外甥女。但是，你長大變成那樣，他也沒辦法；他總不能跟你說：「來撒嬌嘛，你忘記你小時候都這樣子的……」

他不會這樣講。因為他也怕這樣講讓人覺得很三八，他心裡會想：「我做舅舅的，怎麼可以這樣……」

但是，如果你一直保持像孩子時候那樣對他撒嬌，就算你現在結婚了，你再去跟他撒嬌，都還是有用。你要買東西，他還是會給你；你要借錢，他還是會借你；你要叫他帶你去吃飯，他還是會帶你去。這些東西都有用，可是你已經喪失了這樣的能力，是你自己破功的。

所以，你是怎樣失去那個能力的？你要去找出來，要去看到底是什麼事讓你「不敢撒嬌」，你要發現你怎麼被打壓。

學校升學好像很累，上班很忙，所以你缺乏練習了好幾年，就

會很生疏。那小時候不是撒嬌都很厲害？長大就沒繼續練了，可是小時候是都會的。我要你找回這些記憶，關於我們小時候都會撒嬌的記憶。

破除對於撒嬌的迷思

這個章節主要是要讓你瞭解,為什麼你不再撒嬌?讓你釋懷,讓你明白是什麼東西造成你今天對於「撒嬌」沒那麼大的興趣——你已經被扼殺了童年的純真。

隨著年紀慢慢增長,很多事情跟觀念會扼殺你的純真。

「你是男生,那麼娘幹嘛?」

「妳是女生就要小心,不要隨便拋媚眼!」

有很多事情,會給性別冠上很奇怪的觀念,「因為我是女的」,「因為我是男的」——都不對。男生、女生都應該撒嬌,都要會撒嬌,都可以撒嬌得很可愛,都很能夠享受撒嬌的樂趣。

就像很多的男孩子會挑逗女孩子一下,他很enjoy,覺得他自己很可愛,那些都是男生的撒嬌。男生也喜歡打扮漂亮,也喜歡帥帥酷酷的,喜歡抓抓頭髮……各式各樣的人,每個人都有他的特色。

在講到撒嬌的方法之前,要提醒諸位讀者們一件最重要的事。你們要先了解的是——技巧永遠都不是那麼重要,最重要的是你的「心」——你要喜歡,你要真的很享受撒嬌時刻的那個樂趣。你要覺得撒嬌很有趣,你也要能夠樂於接受別人跟你撒嬌。

所以,當別人跟你撒嬌的時候,你不能比對方還不好意思,

「不要啦，不好啦！不要再繼續了，這樣我很不舒服……」

因為你承受不起，那相同地，你也不敢跟人家撒嬌。當你要撒嬌的時候，心臟都快停止了！你想要表達的情感太多，但能表達出來的卻又太少，出不來。你最後要做到可以對著不同的人，甚至一群人同時一起撒嬌，全部撒嬌一輪，那都要練。

「我妓女啊？我幹嘛要對那麼多人放電？」——在一開始的時候，你會有這種錯覺。但是，這是一種功力，不要去曲解它，不要去評估或貶低撒嬌的可愛及魅力，不要對它說負面的話，否則不僅傷害了自己，也讓自己失去撒嬌的能力，再也無法欣賞撒嬌、接受撒嬌。

提到撒嬌，想要讓對方開心的「心」最重要，所以要從「心」練起——打從內心深處的意願，從你看到為什麼失去了這個能力，從你開始記起你享受撒嬌的那個感覺，記得你自己很可愛的樣子；你覺得自然、天真活潑、美麗又大方的時候，那個感覺會讓你開始進入那個狀況，感受撒嬌的美，想起撒嬌的甜，重新喜歡上撒嬌。

這不是一門那麼簡單的功課，不可能只練一次就會很厲害。先幫自己把心靈上的那一道門打開，除去了那些迷思，覺得撒嬌很討厭、覺得不能撒嬌，覺得困惑，才有辦法把根基打好。

撒嬌的天時、地利、人和

Q：如果我跟對方撒嬌，不是天時地利人和……

A：那就是練得不夠才會有這種問題，撒嬌練到高段的人，沒有什麼場合的問題，沒有什麼還要看天時、地利、人和的問題，永遠都可以發揮。但當然，不是閉著眼做，是你不會擔心這些困難。

撒嬌要練到你平常要講的話跟動作都很可愛，把這種可愛的精神融入你的生活裡。譬如說，要去跟客戶談案子，你可以很可愛地說：「這個案子的好處，我要跟你分析囉，你可要注意聽啦。」你可以隨時都在撒嬌，把可愛變成你的個性，身邊的人一提到你，就會說：「這個人真是可愛吶！看了實在討人喜歡。」

第五章
隨時隨地練撒嬌

畫龍點睛的滿足

練習撒嬌，最後要練習到一揮筆，就是名作。

怎樣能一揮筆就是一幅名作？怎樣隨便照張相片，就可以參加比賽？

沒有其他的辦法，就是大量練習！

如果你每次練習的量都很少，那你的前途是不是堪慮？你一定要每天都有很多的練習量，質才會出來嘛！

以我來說，我很愛撒嬌，我一天到晚也都在撒嬌。我跟我員工也在撒嬌，我看到我爸爸，我就親他、拉他、抱他，跟他玩就對了；看到我媽媽也一樣對她撒嬌。那你也是隨時隨地都要習慣這樣練習。

每個人都會撒嬌，小孩子的行動裏面保有「天真無邪」的純真存在，或有不熟悉、不成熟的情況，包括身體姿勢或說話口齒等等，那就是撒嬌。開始學走路，走得有點歪歪斜斜，那就是可愛；那你現在已經會走路了，要你假裝不會走，太難了！對不對？

畢卡索講了一句名言。曾有人對他說：「你的畫好像小孩子畫的天真無邪，真是不可思議的美。」，他說：「我花了四年才學會像文藝復興時期大師拉斐爾（Raphael）那樣作畫；但花了一輩

子精力，才學會像孩童般畫畫。」

那種孩童般的純真，連大師都學很久；你要從你失去純真的不可愛之後，再重新把可愛學回來，很難吧？但就是這樣。本來你是很可愛的，可是後來失去那份可愛，現在要再去把那個可愛找回來。

為什麼有很多玩具是給大人玩的？那些給大人看的漫畫或是動畫電影，像宮崎駿的卡通就是給大人看的，但是很美、很可愛，充滿了成熟的撒嬌，非常讓人陶醉。

拿一隻絨毛玩具當示範，什麼叫可愛？這樣就叫可愛。你看了就會笑，它不必怎樣，只要這樣就好。它是有表情的，所以，裝可愛就可以。那你就這樣裝，不管你把它怎樣搞，它還是一樣很可愛。

你要先學會可愛，你必須把表情弄成可以像玩具這樣子。

為什麼有些小孩子來到你面前，然後就鬥雞眼或扮鬼臉給你看？他就是這個意思。如果大人做這樣的表情，也很好玩！

你只要見過我先生，你就相信大人怎樣可以可愛。他會像孩子一樣在床上跳、在地上滾，或是跌倒啊，他都沒在怕的，我看到都很害怕，跟五歲小孩子一模一樣。雖然他的臉已經很老了，但他還是跟小孩子一樣調皮搗蛋。

所以說，你可以捫心自問有沒有那個本事撒嬌？你要練，對著

鏡子自己練，就像畢卡索畫成兒童的畫一樣，那個兒童般的純真是出自大人的手筆，可是那份純真是練出來的，不是你隨便亂畫出來就這樣。

撒嬌是一種滿足感，好像飯後再加上一份甜點，你就會有一種滿足的喜悅。飯吃完了是一回事，可是那個甜點一吃下去，就會有「滿出來」的感覺，很有趣，好像心臟有一種快樂的感覺——那個給予滿足感的東西，對生活而言就是撒嬌。

所以，一般來說就是三餐都吃得飽，但你就覺得少了些什麼？小孩子就會東找西找，看有沒有棒棒糖或一塊巧克力，或是鳳梨酥之類的零嘴，他在找這個。為什麼要這樣？因為那個東西可以增加滿足感。

在生活裏面，對於「Bingo!」的那個畫龍點睛，就是撒嬌。只要所有的關係裏加上撒嬌，好像仙女的魔棒「Ding～！」，通通都會變得很甜、很滿足；少了撒嬌，就算吃了再多也笑不出來，好像沒吃飽一樣。

女孩子也一樣，需要男生對她撒嬌。男孩子對女孩子撒嬌，女孩子其實也很快樂，因為當你看到有一個人在撒嬌，表示有一個很明顯的事實，就是：妳會覺得他很快樂！

如果妳很喜歡他，妳會感覺他在撒嬌是很快樂，這並不是妳自

己心情怎樣的問題；而是當妳看到對方很快樂的時候，妳就滿快樂的，因為妳會知道他很開心，這是第一個理由。

　　第二個理由是，他來跟妳撒嬌，表示他很愛妳。就像孩子有什麼事情要跟媽媽講，不管講什麼媽媽都很高興，因為小孩愛媽媽，所以對媽媽撒嬌，就讓媽媽無限開心。所以男生向女生撒嬌，也是一樣的道理，你就知道他喜歡妳、愛妳，或對妳有好感。

　　心情好，就比較容易撒嬌，比較有喜感的人就比較討喜，你光看他就比較爽嘛。一群小孩子在那兒，你的目光會注視那個比較可愛的——其實他也沒怎樣，就是長得比較可愛。

撒嬌純粹是散發出「我很可愛」的一種精神力，就像布娃娃放在那邊，看了都讓人想捏它一把、抱它一下。

　　所以，什麼叫可愛？什麼叫撒嬌？就這樣，像這隻布娃娃擺在那邊，你看，它就在跟你撒嬌。它根本不需要幹嘛——不要以為撒嬌是很多的動作，或很多的嘻嘻哈哈的招數，它純粹是散發出「我很可愛」的一種精神力。

　　你看看它，它沒有生命都很可愛，你是有生命的，怎麼會不可愛呢？它散發出來可愛的力量，一直在提醒你，就算靜止的狀態也可以很可愛。

隨時隨地練撒嬌

撒嬌，是一門需要從小練到大的功課；撒嬌的功力要能夠一直保持下去，才不會變得尷尬。

如果要你做出平常不常表現的動作，當然就會尷尬。我跟你說要扭，你如果不會扭，你就會尷尬；可是會扭的人就不會覺得有什麼不好意思，就扭給你看，自己覺得很好，而且做得很可愛。

那要怎麼練？隨時隨地都要練。

就像我在捷運上跳舞，就不怕別人看；如果有人要看你，就盡量給他看，你要學會讓人家可以接受你這樣的表現，你也要可以盡情將你要表達的感情揮灑出來。

有人會說，當自己撒嬌時忽然會有一種很難受，甚至是想哭的感覺，那就是一種壓抑。因為你想將你的感覺表達出來，可是被硬生生的壓回去了，一旦表達不出來，就會想哭。

這就是你必須要練的地方。

先別說撒嬌你會哭——要你去演講，你也會哭啊！當你站在講台上一直講不出來，每個人都瞪著你看，你就哭了。最嚴重的時候，就是哭嘛。

你可以在演講的時候講到大家哈哈笑。可是，如果你講一個笑話沒人笑，你就像被打了一巴掌，因為很尷尬，場面很難看，會

很不好意思；或是「為什麼講的內容就是沒辦法對焦？」就會很難受；這種道理跟想要幽默一樣，不是經常都可以很幽默的！所以你要練。

就像你要唱一首歌給人家聽，唱完之後卻沒人拍手，你是不是感覺很想哭？

你以為自己唱得很好，或者是你以為你練習得很足夠，卻因為太緊張或出了些狀況，上台後荒腔走板、唱錯、背不了歌詞，楞在那裡……以後你就不再唱歌了！你甚至就覺得：「我可能不適合表演。我很容易不好意思，可能不適合上台……」之類的，會貶低自己。

撒嬌，也是一樣的道理。一旦撒嬌不成功，就把頭縮回去了，你就會開始自貶，自貶之後就不再撒嬌了！

有時候，你跟老婆撒嬌。老婆說：「你幹什麼？這麼老了還裝什麼可愛？」你碰了一鼻子灰，覺得沒意思。

如果換老婆跟你撒嬌，你回應她說：「妳以為這樣很可愛啊？很三八妳知道嗎？」

完了，又被壓抑了。

這是一個長期抗戰，需要長時間的學習。一般人很容易就放

棄，但有沒有這種能力，對你的人生差別很大。

我相信，你應該看過身邊很會撒嬌、也撒嬌的很好的人吧？不管是男的、女的、年輕的、年老的，或者是在電影上……反正你所看過的，覺得他的撒嬌很成功、很可愛、很有趣的；或是你覺得很溫馨、很喜歡的，任何一個你所看到的「成功的撒嬌」，都可以算是好產品、好作品。

當時，你只是純粹看到，現在講起來，你的臉都會笑得很開心，表示你覺得那一刻所看到的、感覺到的，你非常喜歡。

我們所追求的，就是這個東西，就是你喜歡、你認同的「撒嬌」。

那麼，你自己呢？你覺得自己很享受撒嬌的那個時刻，跟你覺得自己很可愛、感覺很好的時候，又是怎樣的感覺？

我要你去捕捉的，就是那個時候、那種感覺。所有的人只要一講到這個，都是很得意的表情——你就知道，你是會的。

如何撒嬌
讓生命更精彩的秘密

練習撒嬌時，有什麼忌諱的事情呢？

關於撒嬌，很多人忘了一件最重要的事——撒嬌，自己也要舒服。

可是，撒嬌畢竟是一種溝通，要跟別人互動。一個人不能在房間裡面一直撒嬌，你總不能對著牆壁撒嬌，總不能對著鏡子撒嬌，除非你是在練習，但撒嬌的時候你只有一個人在那裡，不就像神經病嗎？

所以，撒嬌的練習不是自我陶醉，你所有的動作跟表情都是要傳達給對方的，是必須要溝通的，是有互動作用的。

因為撒嬌有互動關係，所以最忌諱的事情，就是你不可以自我陶醉，完全是為了你自己，那就沒有達到要互動、要溝通的目標——你只是為了自己爽，要別人給你掌聲、給你鼓勵，要別人給你支持、給你注意力，這樣的意圖就造成對方的壓力，撒嬌就沒有意思了，失去了讓對方開心的意義。

這種感覺，就像你強迫人家來看戲，強迫人家來聽歌。你唱歌那麼難聽，對別人來說，一點意思都沒有，還要給你拍拍手——不是做苦工嗎？

如果你的目的是要別人欣賞，或是要別人來討好，那方向就錯了，因為你已經不是三歲小孩子——如果是三歲小孩，還可以賣賣嬌氣，讓人家幫你拍拍手，小孩子還可以佔一點這個便宜。要

是你長大了，再耍這一套就不值錢了。

　　撒嬌要注意的是：你不是強迫人家要給你掌聲的，你也不是要強迫人家看你表演的，也不是要強迫人家說你好的。

　　要是你明明撒嬌撒的不好，人家不喜歡，你還厚著臉皮說：「不行啦！你一定要喜歡啦！」想要不討人厭，恐怕都很難。

　　自我陶醉、強迫人家說你很好、你很可愛，要勉強人家給你拍拍手，這都是撒嬌最忌諱的事情。當這個事情發生時，讓撒嬌變成一種壓力，而不是舒適的事情，這就完全錯了——撒嬌是要讓對方舒服的。

　　至於撒嬌要自己先覺得舒服的理由，因為你自己要先能讓自己感動，你才能夠感動別人。撒嬌要可愛，自己要先覺得舒服，別人才會覺得舒服，你覺得自然，別人才會覺得自然。

　　所以，為什麼撒嬌之前自己一定要先喜歡？因為它是雙向的！

　　基本上，你要知道撒嬌的目的是要開心，要讓人際關係更圓滑，讓兩個人之間的情感更親密，讓對方更了解你的心意，讓他更親近、更沒有距離感，所以才要撒嬌。那個撒嬌一定要是為了對方，為了跟身邊的人溝通，這也是撒嬌的一個真正的目的。

什麼場合、什麼狀況適合撒嬌？

撒嬌之前，你要考量的是你自己、撒嬌對象以及旁邊在場的人，全部都能夠接受的情況，然後你撒嬌的程度必須看場合。如果你的撒嬌會刺激到別人，或是在場有人不能夠接受你的撒嬌尺度，這就一定會出問題。

舉例來說，假如在辦公時間，一個老婆跑去跟丈夫撒嬌，她講的那些話就像要勾引老公上床一樣；這種撒嬌是兩個人私底下的情趣，應該在家裡關起門來做，或是夫妻一起去旅館度假的時候才做的事情，要是在大家面前也搞這一套，那旁邊的人當然就會覺得噁心，也會讓對方很難堪，這就不對焦了。

或者是說，在東方人比較保守的家庭裡，老婆跟先生在長輩面前親親熱熱、摟摟抱抱，會讓很多老人家覺得難以接受；在這些長輩面前，就不適合用這種方式跟你的另一半撒嬌。

那麼，什麼場合不適合撒嬌呢？

有些時候，妳跟男朋友一同參加他的同學會，在場的會有其他人的女伴、妻子、小孩之類不熟的人。然後妳在那邊講話嗲來嗲去的，或許男生看了不太在意，但是在其他女生眼裡，可能會覺得妳這個人很噁心，講話讓人不舒服，或是沒辦法接受，這樣的

撒嬌就是太過度了！

又譬如說，人家在提親，妳突然對公公婆婆撒嬌——婚事都還沒有談成，妳都還不知道自己是不是未來的媳婦，就在那邊撒嬌；可能公公不喜歡妳那一套，或是婆婆覺得很三八，這種情況的撒嬌就不太對了。

所以，撒嬌也是要看場合的。不看場合就胡亂撒嬌的人，或是該撒嬌卻不撒嬌的人，就會被別人列為「白目」一族。

有些場合特別適合撒嬌。比如今天在場的人都是男生或男同學，全部人裡只有妳是女生，妳可能是大嫂的角色，或者妳是今天會場男主角帶去的女朋友，那麼妳如果撒嬌撒得好，所有的人都會起鬨，場子會很開心、很熱鬧，這種撒嬌就是錦上添花，這是好的。

你的撒嬌必須適合這個場合、適合當時的需要，考量在這個場合裡大家都能接受的情況，而且會讓所有人覺得好玩、覺得有趣，大家對你的印象會很好，覺得你這個人很可愛，很討喜，甚至是化解許多的尷尬，大家變得更熱絡。之後別人會讚美說：「哇！他的女朋友真的非常可愛！」

撒嬌要能到位，關鍵在於彼此之間微妙的對焦。

譬如說，一個女生對一個男生撒嬌，妳要考量兩個人之間互相

的需要與想要、喜好跟接受度。如果在場還有另一個人，那該怎麼撒嬌才適合？就得看在場的另外兩個人都能夠接受，這兩個人都要能喜歡，也都覺得你這樣很有趣，這就可以。

如果電視主持人撒嬌，所有的觀眾都愛這一套，那收視率就會很高。可是如果你的撒嬌不討喜，哎呀！完蛋了，來賓討厭你，觀眾也不喜歡你，更慘的是收視率也會下降，這樣你就知道撒嬌的方向需要重新修正了。

如果在場的總共有八個人，那你要做的撒嬌方式，就是要讓另外七個人喜歡，覺得舒服。如果是三十個人，那你自己跟另外的二十九個人都要舒服。要得到最好的效果，讓所有人可以了解你的風情，你自己又能夠撒嬌的很開心，這樣的情況就是最完美的一個狀態。

撒嬌要怎麼撒得恰到好處？

撒嬌要恰到好處，不僅要看對方喜不喜歡，也要看你自己到底有沒有什麼好處。這個好處是見仁見智，一般來說，只要對方可以喜歡就算是有好處，如果你自己很開心，當然也是個好處。

撒嬌基本上是一種溝通，不管用的方法是什麼，還是要讓對方能夠知道你的意思，你能夠表達出自己中心的思想為目的。撒嬌是幫助人際關係更好的潤滑劑，藉此得到更多的了解與更多的親和力，得到彼此之間更喜歡、更舒適的感覺，也增添了溝通本身的質感及美感。

要恰到好處，一定要對方喜歡。如果你的撒嬌方式是對方喜歡的，就會有加分的效果，表示你的撒嬌有用；你要點到為止或繼續加碼，就得看當下狀況而去判斷，過與不及都會造成反效果。

你要先知道撒嬌最重要的一個目標：當事情需要潤滑的時候，會需要撒嬌的力量來推動。

譬如說，你希望對方能夠同意，而對方需要人哄，才會比較開心；這個時候撒嬌就是一個好方式。

或者是說，你想幫一個人，像是勸媽媽吃一些維他命，或是讓小朋友接受吃這道菜，或是請客戶能開心一點的付這筆錢，或是請你的朋友趕快行動，現在就馬上下決定對他是比較有利的

——有的時候可能是對你自己比較好,最好就是對雙方都比較有利的,但他不太願意讓你去幫他,可能他會覺得沒面子、不好意思,這時侯,也是撒嬌的好時機,因為你的撒嬌可以「潤滑」這件事。

不管理由是什麼,看結果,依目標做決定,讓對的、好的事情發生,以這個作為出發點去執行。

在這樣的情況下,如果你能畫龍點睛,在正確的時間點加上一些撒嬌,就能讓整個事情順利運作,讓這件事情解決,這就是所謂的「恰到好處」——在最需要的時候補上臨門一腳。

這個臨門一腳,就是撒嬌的妙用高招了。

撒嬌之所以能夠成功,是在你判斷覺得最適合出手的時機,配合對方想要的品味跟方式,在完全對焦的情況下舒適的表達出來。至於該如何做到精準跟自然的程度,依賴的就是你對於對方的了解與你本身的功力了。

一般來說,很會撒嬌的人,會給人很聰明、很有智慧的感覺。為什麼會這樣?因為撒嬌能力很強的人,一定懂得察言觀色,基於對人個性的了解,去做正確的判斷,這並不是隨隨便便,想要撒嬌就一定可以做得到;你必須平常就要研究關於了解「人」這件事。

好比說,你跟人講話,什麼時候該講什麼話,看到人該怎樣寒

喧，在社會上怎麼樣跟人家打屁哈啦，怎樣跟人家聊天，這些都是非常稀鬆平常的事情。可是，想要做到好，必須基於你了解對方的能力。

你要會看別人的臉色，要能感覺到對方的情緒，你要懂得現在這個狀況——現在講話的氣氛，別人的感受，別人的心裡感覺是怎樣？這些都跟你的了解能力有著非常大的關係。

至於怎樣的撒嬌方式，會讓人產生厭惡的感覺？不自然，或是自以為是，甚至讓人噁心——人家都已經表態不喜歡你了，你還硬要裝花痴，完全沒有在乎別人的感覺，也完全不是對方的需要。對方已經不能接受了，人家覺得很噁心，你還故意來一招更噁心的，當然就會弄巧成拙！

你的撒嬌要得體，要能夠精準，出手非常自然，而且還要對焦，完全要基於你對於人的觀察與了解。

所以，撒嬌是一個很好的人際關係的練習。你對於人的層次跟了解、觀察判斷，你的功力到底在那裡，在撒嬌的時候就看得出來了。

為什麼人家會覺得，這個人看起來比較聰明？或是覺得這個人比較笨拙，比較呆？這當然就跟他的品味、知識條件、判斷水準有密切關係，完全基於你對於人、事、物的了解，這些就成為你撒嬌的層次了。

「撒嬌」跟「撒野」的分野

撒嬌的出發點是善意的，就是讓人很喜歡，感覺是甜蜜的、舒適的。

撒野是不講理的、是野蠻的，讓人覺得這個人跟神經病沒什麼兩樣，讓人討厭，讓人看不下去，想直接賞他兩巴掌，或者感覺很突兀、很不舒服，非常厭煩，沒禮貌或沒教養。

撒嬌跟撒野，一個很可愛，一個非常不可愛，這就是最簡單的差別了！

為什麼有些人撒嬌起來像個花癡？那就是用力過了頭，而且有點沉浸在自己的夢幻當中。

他以為自己這樣很可愛，可是別人卻覺得很噁心，這就是最大的差別。

別人覺得你很三八，或是撒嬌撒過了頭，你都不知道自己在幹什麼，沉醉在自己的世界裡，好像自戀狂一樣。這是什麼情形？其實是失控的。

你照著鏡子，覺得自己很美？

你很想展現你的眼睫毛給人家看？

你很想展現你抿嘴的樣子？

或者是你喜歡皺著臉，然後覺得自己可愛的不得了？

以上這些事你都可以做，都無所謂。但是如果讓別人看起來，

你簡直是個三八、是個花癡，非常的白目，完全無法接受，或你以為這樣很可愛，但別人並不認同、不成熟、不討好，因為你不及格，分數只有20、30分，但人家需要的是85分才及格……那你就是玩過了頭，就是在撒野了。

撒嬌不對勁的時候，會帶來很多的副作用，這也是為什麼很多人不敢撒嬌的理由。就好像化妝一樣，有些人化妝化的過濃、過厚，像個四不像，不但沒有讓自己更漂亮，反而帶來很突兀的感覺，旁邊的人看起來都覺得你像個怪物，然後給你一些不好的反應，或不好意思看你。

例如：「妳眼眶黑黑的，是被人打了啊？」

「妳臉上的粉怎麼厚的像牆壁上的水泥漆？」

「妳臉上是被水彩抹到嗎？」

這就會是個問題。

不僅是撒嬌，任何一件事情其實都是一樣的，過與不及都會出問題。

就像歌劇唱不好，聽起來就像火車煞車；提琴拉不好就像殺豬，就像出殯送葬的音樂，當然會讓人受不了。

也許你聽過別人練鋼琴，是不是很吵？練打棒球也一樣，一直揮棒落空；所以為什麼會把它稱為是一個技巧，為什麼叫它是一個技術？因為這些事情都要練。一開始，大多是揮棒落空的情形較多，否則就不能稱為練功夫了。

打球要練，音樂要練，跳舞也是啊！會跳的人跳得很好看，但你沒看到他剛開始跳不好的時候動作多難看，腳不穩還會發抖；如果因為一剛開始舞姿很難看就不練跳舞，這樣也很奇怪吧？未免放棄的太早了。

也許你可以說：「因為我打棒球都揮空，所以我就不打了。」

「因為我一撒嬌，那個人就很生氣，覺得我噁心，那我就不再撒嬌了。」

其實，這都是一樣的道理。如果你是做室內設計的，今天你的客戶嫌你設計的作品不好，那麼你就放棄了嗎？那你打電腦的，你打的資料有錯誤，以後就不打了嗎？這都只是一個藉口，這些都是邁向成熟之路必經的過程。

但是，「撒嬌變成撒野」是惱羞成怒與矯枉過正的問題——本來很美好的一件事，被弄得很噁心，方向就錯了；往後對撒嬌就失去了信心，有了疙瘩。

有時候，你會看不清楚情況，或是眼前這個對象該如何撒嬌，這就是技巧的問題，就像說你揮棒為什麼會落空？那為什麼有的人是強打者，每次出場都能打出安打、全壘打？

這是技巧熟不熟練的問題。拼命研究、努力練習，勤勞、認真，就會成為一流的打擊手。撒嬌也是一樣，跟你有沒有練夠、有沒有察言觀色，有絕對關係。練的不夠，當然會出錯——任何的事情都是練的！

第六章
回復撒嬌的能力

先成為一隻打不死的蟑螂

這本書裡面所教的每一樣，都是為了實用，如果你不能運用，就要找出為什麼不能運用的理由。如果你學了卻沒辦法用出來，就喪失了學習的意義。

如果你只是要追求知識，那是不正確的學習態度——學以致用才是學習的目的。這本書裡，並沒有隱藏什麼金庫，或是隱藏著什麼機密文件。你千萬別以為這是一本教你撒嬌的武功秘笈，看完了就會知道所有的招式，No！所有告訴你的東西，都只在考驗一件事——「能不能用？如何用？怎麼用？」，而不是「我知道了！」。

你要用出來，就要先練到一百分。如果你練不到一百分，做出來當然就效果不佳，因為基本沒練好、沒練夠，就沒有理由請師傅教你下一招。

如果你沒去試，就以為自己會了，到臨場的時候你會發現竟然用不出來，然後你會變得很討厭去學習。會有這樣的問題，是因為你不會使用。

在撒嬌上，每一個人都要學很多招。好像學武一樣，師父教你很多招式，有時候你用這一招，卻被對方打敗了，怎麼辦？還是要繼續練、繼續試，每一次失敗都要繼續去嘗試。而在嘗試的時

候，有時候會覺得很順利，有時候卻不順，不順的時候就表示技術還不夠熟練，或是那一招不適合你用。

　　每一個人都有他不同的特質，對應不一樣人，用不一樣的招式。但基本上，應該都會有用，都應該有效才對，只是因人而異，各有所好。

　　照道理說，在一個好的撒嬌之後，應該會得到好的回應。但有時候，你會發現自己在撒嬌，但卻聽到對方講反話在諷刺你或是罵你。

　　當一個人會講反話的時候，一定是哪裡出了毛病。可能是用的方法不是很正確，要找到該修正的問題點，不然就得重新磨刀一下，因為很有可能是你使用的那一招不適用。

　　當然，還有一個可能：那個人無法接受撒嬌。

　　舉例來說，當夫妻在相處的時候，先生覺得自己對待太太的方式是很可愛的，可是太太卻覺得先生的樣子並不可愛。這時候該怎麼辦？要以太太的意見為準，因為太太並不喜歡這樣，這是可以討論、研究及改善的。

　　也許，你會很喜歡某種撒嬌方式，前提必須是「對方覺得好」才算數，如果只有你自己覺得好，是不夠的。所有的對話、所有的撒嬌，都是由對方來給你評分。

　　如果對方不覺得你講出來的話很好、很可愛，不管你自己有多

麼地「自我感覺良好」，你的分數就是不及格──意思就是85分以下，不夠好，反正就是不及格嘛。

可是，你一定要做到100分才行，至少要85分以上才過關，才能看到效果。這是什麼意思？

這很像在練功，如果這一招基本功沒有練好，你不能往後面的招數繼續練下去，你一定練不起來，出去比武當然會挨打。以跳舞來說，你老是學那些花招，卻不肯紮紮實實地去學基本工夫，當然學不好。當你沒學好的時候，我就會要求你回到最基本的地方開始練起。

很多人的腦袋裡，一直想著要學習很多的花招。如果你是抱持著這樣的想法，你最後會變得很難看，會變成學什麼都不像，到後來你一定會失敗。如果你學不會，你要做的事情就只是重複練習，你的功課就是重修這一門課。

你唸一次有唸一次的效果，重複唸九次有唸九次的效果，所以你不應該急著唸下一堂課。如果你一直想學那些所謂的「招數」，這樣的心態是不正確的，最後只會導致失敗。

要把功夫練好，最後還是要從蹲馬步開始。

現在，第一個要把你過去撒嬌失敗的案例，把遇到對方講反話的情況描述出來；就是你跟對方撒嬌，但不成功的例子。

　　你的撒嬌到底撒得如何？也許你自己笑得很開心，但你看對方的臉好像沒什麼動靜，你的撒嬌對他來說，似乎沒有什麼用處。

　　其實這個問題非常嚴重。也許，我看你的臉很可愛，可是不見得每一個人都跟我一樣會欣賞。有時候，不管你怎麼ㄋㄞ，對方都不為所動，會讓你覺得，這個人到底發生了什麼事？

　　你要知道，這不是撒嬌技巧的問題，這是對方「情緒」的問題，你千萬不要因此而不再撒嬌。要學會撒嬌，你要先成為一隻打不死的蟑螂。

撒嬌失敗的理由：壓抑

要撒嬌，有很多細節要注意。首先，就是壓抑。

壓抑這件事，常常發生的很微妙，常常是連你自己都不知道怎麼發生的。

這也跟你撒嬌失敗的理由一樣，你會看到那個人的反應往往讓你出乎意料，甚至不予回應。這就是我們從小到大，慢慢變成不太愛撒嬌的原因。

壓抑最常見的情況，還是來自於另一方。

你很可愛地喊叫：「媽咪～」，卻被媽媽罵：「安靜啦，吵死了！」

你拿很好看的東西給媽媽看，卻被媽媽罵：「你沒看到我在忙嗎？」

我們就是這樣長大的。所以，不是你沒有這個能力──你本來有能力撒嬌，可是經常被別人打壓回去，使你撒嬌的意願萎縮掉了。因為常常碰釘子，最後就會覺得：我幹麻自討沒趣？

你一路被打得鼻青臉腫，講不出話來，你就失去撒嬌的能力了。

你可以看情況，可以自己調整，但是你絕對不能失去你的能力和意願。

如今叫你撒嬌，你不會了，已經失去了撒嬌的能力。為什麼撒嬌的話會講不出來？因為被壓抑的太嚴重了，能力生銹了，熱情也沒了。

你一路被打壓，一天發生20次到100次，就這樣過了好幾年，被打到變成不會撒嬌。有時候，光舉例就開始想哭，變成木訥不堪，連想都想不起來。

有些人甚至覺得蠻好笑的。你失去了原本應該有的能力，應該會想哭才對，但你還在笑，哭笑不得，搞不清楚到底該哭還是該笑。

你想哭，是在哭什麼呢？你知道你撒嬌是對的，但對方不懂你的意思，所以你會想哭。這就是生活中的殘忍事實。

人一旦麻木，就沒救了。如果能哭出來，就表示有救了。當你想到這些事，哭出來會怎樣？就會在過程當中消除掉不舒服的感覺。哭出來真的比較好，但要學會、練好，否則就會永遠哭不停。

有時候，要你講撒嬌當中不舒服的事，你會講不太出來，因為太痛苦了。你在痛苦些什麼？難過什麼？就是「好心給雷親」的感覺，還有看到人類的殘忍；你應該要看清楚這一點。

所以，我們一定要趕快成長，要趕快進步。

下一代的小孩子可以很快樂，他走過來跟你撒嬌，本來是很自然的事，但你心裡很怨，嫌他吵、嫌他煩，直接賞他一巴掌……這樣就對小孩不好，有殺傷力。

孩子從小便很可愛，你要想想看，當初他的撒嬌是跟誰學的？沒有人教，他天生就會。但是你這副德性，看到他撒嬌你就罵他，天天被打，天天被罵，他怎麼可能會可愛？

你必須要了解這個過程，不是光去學撒嬌的技巧而已。你要知道在自己身上發生什麼事？你曾經很可愛，希望討別人歡心，但是你被壓抑卻又講不出話來；然後哭的時候也哭得莫名奇妙。

所以你要很有耐心，不斷地進步成長。如果這些都不哭完的話，會延續到下一代，會一直傳染下去。

我希望你既然學了撒嬌這門課，就一定要做到有成績、有效果。如果你只有學技巧，等於是學了一堆的撒嬌知識，但是過去撒嬌失敗所遺留下來不舒服的情緒，並沒有完全處理乾淨，這種潛伏的危機，會跟癌細胞一樣蔓延，漸漸擴散開來。

現在你回想一個時刻，是你不可愛的時候。可是，你的不可愛，是大家合作起來壓抑你，不讓你撒嬌，而且他們成功了，合作愉快。一個人虐待一個人，勉強還撐得過去，但你被團體虐待，之後你也會成為其中一份子，你也參與在裡頭，最後你也不會讓別人撒嬌，對不對？

現在,請你回憶一個被大家一起壓抑你撒嬌的時候,發生了什麼
事?

　　當你回想到這些讓你很難過的事。漸漸地,你變得很不可愛之
後,就喪失撒嬌的能力。

撒嬌被堵到的感覺

撒嬌要很有活力，這是基本功。不過，一般的人講話態度很冷漠，更糟的甚至是用話堵回去……這樣的回應真的變恐怖的。

你可以想像一下，本來老公是很開心要去擁抱老婆，可是老婆忽然柳眉倒豎瞪著你說：「你幹嘛啊？很痛！你知道嗎？」老婆這樣的反應，使老公的興致完全縮了回去。本來他應該是很開心的，妳的反應卻讓對方變成了性無能。

那，被堵到的那個人會有什麼感覺呢？

不管妳長的多漂亮，或是多會打扮，身材有多窈窕；只要講話的態度是這樣，男人的性慾在三個月以內就會被妳的話給「終結」掉。男人只要一被罵，什麼性慾通通都沒有了，對做愛這檔事感到沒意思，倒胃口。

若是對方撫摸了你很久，摸到快都要破皮了，你可以笑著對他說：「哎呀～你看看，我都要被你摸到破皮了耶，會心痛嗎？」對方有什麼樣的感覺呢？他就會說：「哦，是這樣嗎？」他就知道你快要破皮了，然後他會很可愛地繼續說：「Sorry!」然後給你親一親，然後換個地方繼續摸，找還沒有被摸到破皮的地方下手。

這就是可愛，讓人發笑。

你為什麼會覺得好笑？因為毫不掩飾的表達，就會「可愛」。你知道他摸你是因為他喜歡你，雖然你跟他表達了不舒服的感

覺，但他還是想要繼續摸你——只是換一個位置，或是換一個方法；不過你們彼此之間的溝通還是有在互相交流，讓他知道你不舒服的地方。

如果你不舒服就罵他，結果會如何？這當中的差別非常大。

「叩、叩、叩、叩、叩……」，小強一直在敲門，媽媽劈頭就罵他：「你是不把門弄壞不甘心嗎？再不聽話，我就揍你囉！」

本來，小強敲門是很高興的。可是媽媽的反應，讓他以後永遠不敢再玩「叩、叩、叩、叩、叩……」的敲門遊戲了。

如果這時候，媽媽說：「哇～好有節奏感喔！你在打鼓嗎？」小強就會告訴媽媽，他在幹什麼。

要不然，媽媽可以問：「小強，你敲門是要找人嗎？」，然後再聽他要表達的是什麼，這樣才是溝通，就會產生互動，且建立溝通管道。

就算媽媽真的覺得小強這樣敲門不好，溝通裡面也要講出自己的感覺。媽媽要理性地表示：「小強，你這樣子敲，門會被你敲到頭痛耶。」

「媽媽被你弄到心跳加快了啦！」你要這樣子跟孩子講，他才會聽懂。

如果你說：「你再敲，我就揍你！」

「再敲門就壞了，不准敲！」那就不是溝通了，因為他不知道

你說這句話後面隱藏的意圖是什麼。

他甚至會有反抗的想法：「這樣敲門會壞，你騙我啊？」

你叫他不要敲，他就偏要敲，甚至故意拿鐵鎚把它敲壞掉——這是溝通不良的問題，因為信息傳達不對。孩子敲門的想法，並不是你接收到的那個訊息。

解決的辦法是——你必須先示意他。

小強拿他的畫給媽媽看，媽媽要認真欣賞或誇獎他。否則，小強以後就不會把畫給媽媽看了，甚至根本不畫了。

當別人對你撒嬌時，如果你自己心裡不太舒服，應該要換一個角度來看這件事，要先接受他的想法和好意。如果你能夠了解對方撒嬌的出發點，你就不會那麼不舒服，向對方好好地表達，讓他知道你不喜歡這樣，這才是溝通。

有些時候，男孩子在摸女生時，他並沒有想到女生的感受是怎樣，他只是很高興地在表達，但女生感到很煩或很不舒服，撐了很久都不講出來，最後突然冒出一句火冒三丈的話；或是女孩子很可愛地在那裡撒嬌，男孩子卻突然說：「你在三八什麼？」，最後呢？就是兩敗俱傷。

人與人之間為什麼會有磨擦？學會撒嬌之前，你要能夠先了解這個道理。

要如何撒嬌？沒錯，我可以教你很多招，不管哪一招你都可

122

以學，但如果你不知道撒嬌失敗的理由，你永遠都學不會；因為有太多自己看不見的障礙——你很煩惱，很多時候你不准別人撒嬌，不知壓抑了多少人，然後你也不曉得被多少人壓抑過。這樣的壓抑一大堆，感覺就漸漸消失了，意願就大大的降低了。

如果對方跟你撒嬌，你要給他自由的感覺，不要突然給人臉色。如果撒嬌被打壓過，會有很嚴重的後遺症。

你的另一半可能很會撒嬌，可是忽然被你罵一次，他會怕三年。在這三年裏面呢，就算99％的時間裡你都在撒嬌，也鼓勵他對你撒嬌，但你會發現他還是會害怕——你只要發脾氣一次，對方會害怕三年；你會看到他的臉，永遠沒有辦法回到戀愛時的可愛。

他一看到你，就想起被你罵的事，而覺得你的臉很恐怖。那個感覺同時會讓你也變得很害怕，對老婆來說，不舒服就會一直忍耐，她告訴自己生氣不好，生氣不好，生氣不好，我不要再傷害到對方……那種感覺，也會讓對方覺得很奇怪，兩個人就變得怪怪的。表面上客客氣氣，但心中各懷鬼胎。

你一再忍耐，一再忍耐，一再忍耐……，總有一天一定會爆炸的。你把壓抑的情緒爆發出來，不見得是在罵對方——有時你會發現，突然間自己莫名其妙地把皮包往地上扔下去，或是把杯子很大力地放到桌上，或突然大聲地吼叫……你才知道自己沒辦法

克制，沒辦法壓抑下那些忍耐。

你別以為自己很厲害，好像經過特務訓練那般地深藏不露，沒有人看得出來你的喜怒哀樂，其實都寫在臉上。

你一定會有情緒，那種感覺一定會流露出來。你和另一半在床上睡覺的時候，只要一個小動作，你就會感覺到，他在怕你，兩個人感情沒那麼甜。

「我都笑笑的，我都沒說你怎樣啊？」

「這些年來，我有跟你吵過架嗎？」

你會發現，他說話都面不改色的，但你就是感覺得到那種怪。恐怖吧？

現在，請你照著鏡子看，從各種表情裡面，你覺得自己的可愛在哪裡？你的表情要傳達給對方的訊息是什麼？怎樣才會可愛？

對方不喜歡我撒嬌，怎麼辦？

在撒嬌的問題裏面，最常見的一個就是：「如果我撒嬌，對方不喜歡怎麼辦？」

在問這個問題之前，你要有個比較成熟的心理建設：為什麼你會一直卡在「對方不喜歡」，而不是想著「我怎麼樣撒嬌讓他喜歡」？

給自己一個努力的方向，把注意力放在「如何讓對方開心」。如果挫折太大，就學不成，太難做。所以我們練的時候，會慢慢增加難度。

媽媽可愛，小孩子一定會撒嬌。你先把撒嬌學好之後，等到孩子生出來，他一定會撒嬌——為什麼大家都這麼喜歡小孩子？因為不管他怎樣，都是很可愛。這就跟我們看小動物一樣，不管他幹嘛都很可愛。

那麼，怎麼去學撒嬌？——從嬰兒身上。

這句話的意思是指，你本來就會。所以，你不要告訴我「我不會撒嬌」，這等於是「我沒做過嬰兒」！如果你真的不知道要怎樣撒嬌，那最簡單的方式就是觀察嬰兒，然後去想想小孩子在做些什麼——他要幹嘛，他會直接跟你講。

當然啦，撒嬌一定是在快樂的時候，不高興的時候表現出來

的，那不是在撒嬌；因為撒嬌的成份裏面，沒有負面。撒嬌一定是開心的、開朗的、快樂的、可愛的、有趣的、愉悅的、讓你覺得歡心的。

你看小孩子在撒嬌，他會怎樣？笑，還有呢？他也會不好意思呀。你有沒有看過小女孩在撒嬌，她在秀她很可愛，或是秀她頭髮很漂亮，或是跟你說她手指受傷，或是跟你說她戴了一個很漂亮的錶，或者是她穿了高跟鞋走路給你看，她就是會表示出那個可愛。

小孩子的可愛，是因為他夠直接。他不一定講得出來，但是有很強的意圖，跑到你旁邊，要跟你表示一件事情。他也會歹勢，他也可能很不要臉，但完全是真情流露，這是一個很高的境界。

這種真情流露的自然，就是表達撒嬌最基本的「質」。

撒嬌不自然，是表達的情緒不對。比如很不好意思，那應該要表達出那種感覺，但他覺得這種感覺應該很含蓄，或是自己覺得滿突兀的，或者是覺得：「哎唷，這樣好過份喔！」

「這樣，你受得了嗎？」

或是覺得：「唉～我這樣子，怎麼這麼厚臉皮……」

這就是所謂的「自然當中的不自然」。他很不好意思，應該很自然地表現出來，當中的不自然是指他表現出的生澀；並不是說他不會，而是他要表達這個東西的時候，他覺得自己有點過份。

　　這當中的矛盾跟衝突，很有趣。也就是說，當你要真情流露的時候，就是要表現出來。對於這個表現出來本身，他會覺得不好意思。

　　你看小孩子，他要吃冰淇淋，他講一講會不好意思，然後他就說：「好啦～好啦～我就是要吃冰淇淋啦！」他心裡很清楚，知道這樣「盧」是不對的，可是他還是會說：「好啦～好啦～給我爽一下啦！那你就疼我嘛～！」他甚至還會跟你討價還價。

　　有時候，大人的反應很糟糕，比如說：「好，我買冰淇淋給你，來親媽媽一下。」孩子就說：「好，親一下！」可是他當下並不是真的想親你，他只是為了要得到他要的東西，所以他親你一下。

　　他親你一下的時候，也是一個撒嬌，但這就是一種「自然當中的不自然」。親你一下，應該是很自然的撒嬌，可是他要親你的時候，他覺得這樣好像不太好，自己臉還紅一下，那就很有意思。反而是大人比較臉皮厚，不會不好意思，因為那是交換條件。

　　大人常叫小孩子親他一下，其實對小孩子來說，這很不自然，因為他沒有想要主動親你，他是被命令的。他心裡會想：「哎～你這個人很囉嗦，你知道嗎？」但是為了交換條件，為了那個冰淇淋，「好吧，勉為其難親一下。」可是如果你問小孩子真正的想法，他那個時候想不想親你？No。

　　如果每次媽媽都說：「來，親媽媽一下。」很多媽媽這樣子，每次看到都快昏倒了，大人真的是有夠厚臉皮的。他就是一直很想要讓孩子表現出很愛自己的感覺，那是他自己要的，所以就叫孩子一直親他，而沒有想到對方的感受——自己不撒嬌，卻一直要求別人對自己撒嬌，只想享受被撒嬌的樂趣。

　　那麼，小孩子的感覺會變成怎樣？小孩子會覺得：「親你一下，也不會怎樣。」但是他會把這個動作視為交換條件，就把「撒嬌」與「交換條件」畫上了等號。如果常被要求這樣撒嬌，孩子心裡真正想法是：「我不想對你撒嬌。」但在觀念上，他會學到撒嬌可以用來當成一種交換的利器。

　　你想想，如果有一個人常對你說：「來，親一下，親我一下！」，那你有什麼感覺，會覺得很突兀，對不對？

　　如果你常常被要求說：「親一下」、「抱一下」這樣，那就不舒服。長大以後呢？如果男孩子跟女孩子說：「來，給我抱一下！」，或是「給我親一下」，你就開始會覺得有點被刺激到，有被強迫或是命令的感覺。

　　所以，這些男女朋友的兩性關係，到最後結婚的時候的親密關係，都跟你小時候從你父母那裡接受到的教育有相當大的影響；跟你感受到的好或不好，有著極大的關係。如果你有比較多良好的撒嬌關係，你就比較會撒嬌，也比較有正確的撒嬌態度。

第七章
要學撒嬌，你一定要可愛！

如何撒嬌
讓生命更精彩的秘密

怎樣才會「可愛」？

來看看這個玩偶。你覺得它可愛在哪裡？

圓圓的，胖胖的。

重點不是「圓」或是「胖」，跟一般外型胖、瘦、圓、扁的特徵無關，而是在於沒有刺、柔順、圓滑、毛茸茸的。重點是感覺很舒服，非常柔軟，給人舒適、好接觸的感覺。

沒有攻擊性……嗯，很多男人會喜歡這個理由。

無辜的眼神。這點是表現在純真、沒有殺傷力，當中還有一種柔和的安全感，直接展現出可愛的神情，像在歡迎你的樣子。

不聰明，呆呆的，很和善，好像怎麼欺負他都沒關係。這是種安全感，好像打它也不會反擊，不會咬人。

好。現在再回過頭來看看你自己。你有哪一點符合剛剛所說的條件？還是你活像個會割人的玻璃碎片？

它長的非常有趣，你可以看到它的態度是開放（open）的，它不會出現任何的害怕或不好意思，它也不會生氣或是臉脹紅起來。

所有討人喜歡的玩具，它就是要長的可愛，態度就是open。

就算會不好意思，就是不好意思給對方看。臉紅，就臉紅給對方看，那就叫做可愛。不必藏起來，藏起來就變成了閉俗（台語，內向，比害臊更嚴重的不好意思），彆扭，那就不可愛。

撒嬌的定義非常簡單，就是要讓對方很舒服，不僅他很舒服，你也很舒服。他看著你，他很舒服，你也很開心。至於要表達或溝通的內容，不在撒嬌的討論範圍之內，但前提是必須要「很可愛」。

所有的撒嬌，便是可愛。

撒嬌不是什麼性感或是聰明伶俐這些東西。呆呆的，便是可愛；糊裡糊塗的女人，也很可愛；不管他做出什麼動作，你都會覺得他很可愛。你要給對方這種感覺，每次都很實在，讓人喜歡又非常舒服。

這就是你要練習的重點。

如果稍微不留意，光是一個眼神不對，連眼睛都有攻擊性，好像利刃射向你，讓你覺得看到這種人就很恐怖、很緊張。你好像

家裡的間諜，好像一個殺手，只差沒佩手槍而已，那種感覺實在是讓人不舒服。

千萬不要給對方有那樣的感覺——尤其是在愛情上，人際關係上，不要讓人覺得你是「狠腳色」。

在社會上打滾，也許有些時候要狠是有用的，你需要有很多招式備而不用，你可以每一種菜的調味都偏辣，但要是把辣椒都灑在眼睛上就不好玩了，不能讓人受不了。

看著這個玩偶。我要讓你了解的，就是「open」的態度。

Open的表情是什麼呢？就是大方，所有感情的表達都很清楚、很明顯，沒有陰險的意圖，沒有刻意要掩蓋什麼。

呆呆的也沒關係，不要怕自己呆呆的，呆呆的就是可愛，如果你可以鬥雞眼啊、可以拱鼻子、可以張嘴巴，都沒有關係。

但是，在做這些動作的時候，你自己要有意識，不是無意識的那種，那樣不可愛，看起來有點失神、漫不經心，那就不是可愛了。這就是撒嬌非常有趣的地方。

你表現出可愛的那個時候，人家覺得你很「古錐（台語，可愛）」——你在表演，對方接收，那瞬間一定是同步的；對方覺得你很可愛，你就成功了，心中的分數就加分了；就像那個體操選手，「碰！」一聲落地，從馬鞍上跳下來就結束了，已經演完了。

你要可愛的時候，首先要毫不保留——它就長這樣，很明顯，

沒有一點掩飾、不好意思、保留一手，都沒有這種東西，就是不管做什麼都非常明顯。

動作大小不是重點，清楚明確才是重點。

每一次你有保留，就會不自然。人家會知道你要裝可愛，可是對方也感覺得到你不夠可愛，所以他就會變得很尷尬——因為他沒辦法達到你想要讓他開心的感覺，這樣就有壓抑在，就會不爽。

更糟糕的是，對方該怎麼回應你？他也回應不出來，所以很不好意思，他只好說：「對啦，我知道你要裝可愛啦！但是沒辦法，我笑不出來啊！」就是沒那麼可愛嘛！你想要我笑，我就是笑不出來，我沒感覺啊！I don't feel for it.

所以，你在撒嬌上要做到讓人家有一種「撞擊」的強烈力道，就是要open。你表現出來的可愛，要能夠撞擊到對方的心坎裡，你的力氣就像撞球開球時，一定要一杆用力撞下去——你沒用力，球怎麼會散開？怎會進洞？輕輕碰一下，不太有感覺，一定要「碰！」、「喀！」，球才會進洞，懂吧？

所以你在練習的時候呢，一定要全力以赴。不要覺得自己跟白痴一樣，你要真的很用力，就像扮鬼臉去嚇人一樣——嚇人要有效果，就是要那麼用力；那表現出可愛的樣子，也一樣要那麼用力。

集中足夠的力道才會夠味，這樣就能「提味」。在溝通中給予需要的high light，就是神來一筆。

找出自己最可愛的表達方式

用同一句話，試試看用不同的情緒講，用哪種表情，哪種音調，能不能達到你想要的效果？那就是技巧的問題。

「唉唷！」

「咦～？」

要找出最可愛的表達方式。你要學的，就是給對方的感覺。不要呆呆的不敢動，像個木頭一樣，那就變得不可愛了。

「哇～你好棒哦！」

同一句話，表達的方式不一樣，效果完全不同。這句稱讚人的話，你如果講話的表情或語調不對，看起來可能有一點尷尬，或是不屑，甚至是有一點陰險。

這種練習，不只是練表面的可愛，你那種想要讓對方舒服的意圖，必須發自內心，而且要能夠持續並到位，這就是100分，就是飽足。

如果你發現自己可愛的時間撐不了多久，就開始想要擺臭臉了，好像藏在背後的那把刀就準備掏出來砍人了，那表示你平常給人的感覺，就是拿著刀子砍人的樣子。你總不能一直拿著刀想要砍人吧？

現在，你試著張大眼睛瞪一下對方。

瞪得好跟瞪得不好，給別人的感覺當然差很多。瞪得好，人家會覺得你很可愛，逗他發笑；瞪得不好，別人心裡會想：「哇！等一下要殺人啦？」人家對你的感覺是很可怕；那當然，等一下他就把刀子亮出來了，先下手為強嘛。

沒辦法，因為你沒練夠，所以你給人家的感覺就是像個殺手。

如果你的眼睛很銳利地說這句話：「你超級棒的！」，表情不對！會傷到人。

現在我們要練的是一個技巧，你平常可以經常用，可以很熟練。但是，如果你練的不夠好，你要傳達給對方的可愛感覺不到位，你看起來就會很陰險——你好像要笑，但是你又笑不太出來；你想要可愛，但人家以為你有別的意圖。

「嘻嘻嘻，你看我幹什麼？」

如果你的情緒提不起來，很明顯，對方會感覺有一個障礙擋在那邊——就是不敢可愛，或沒有真的要可愛。這樣就等於是讓人看笑話，他心裡會想：「我知道你在撒嬌啦，不過呢……哼哼哼，看起來滿難受的。」

當情緒不夠高昂的時候，撒嬌看起來就會變得蠻陰險的，那個被撒嬌的人心裡會怕怕的。看起來就像彎弓搭箭一樣，不知道那支箭什麼時候會射出來。

你的態度一定要open，要用盡全力把感情注入，不可以有任何

畏縮，或是給人很高傲的感覺，或者是給人有「暗算」的感覺，那就不會可愛。

Open就是「毫無保留」──不管任何的感覺。就算你覺得很驕傲，也要很明顯地表示出來，好像你很偉大。你要表現讓對方知道你覺得自己很偉大，有種誇張的感覺，這樣就算驕傲也很可愛。

如果覺得做了這件事很驕傲，你就驕傲給別人看。你會讓別人感覺到，這件事對你來說，根本就是「Nothing for me.」，然後對方就會知道你在撒嬌。這是一種得意痛快的感覺，毫無保留的表現出來就是可愛，就是一種撒嬌。

像那種不怕人講的人，大家都喜歡去糗他，因為不管他表達什麼都很自然，你糗他，他也很自然，就算被別人虧，就算糗他的理由是好玩，他也能很大方地接受，大家就會覺得這個人很可愛。

譬如說，有些男生故意裝的很娘（但實際上他不是這樣），或是女孩子故意很幼稚，就算演得很不像，可是動作很明顯，大家都知道他在做，這樣才叫做可愛。你要裝成怎樣都可以，可是你要表達的那個感覺要很明顯。

譬如說，男朋友要走了，妳心裡很不捨，不想讓男孩子離開，妳就要很清楚地說出來：「Don't go, don't go! One more minute!」

要表達得很明顯，讓他知道妳在跟他撒嬌。

如果心裡有不高興的話，「I don't like it～～」很明顯的表示不

高興，這樣就很可愛。

　　當然，這是要用撒嬌的方式來表現。否則味道不對，就像要抱怨或要吵架，當然就不可愛、不對焦啦！

　　以我先生為例，他不管做什麼都很可愛，他就算跟我吵架，吵完了還會對我說：「我罵妳，不過我還是很愛妳哦！」然後掉頭就走掉了。不管他要幹什麼，他都會表現出來。

　　因為他很可愛，你很難對他生氣，就算你把他打下去，他還是那副可愛到不知天高地厚的德性，就跟不倒翁一樣。

　　不管你要做什麼，你都要做得很明顯。所以，首先你要「敢」，你要有表現出來的意識。

　　當你決定要撒嬌的時候，要毫無保留地表現出可愛的模樣，不能有所保留。要是你一邊撒嬌，一邊心裡想別的事，就不會古錐──就像是撒嬌完之後，刀馬上掏出來搶劫一樣。

　　所以，很少會有間諜很可愛的，因為他隨時準備要殺你。

　　當你高興的時候，你要躺在他的身上，那就是一種撒嬌，幸福的感覺要很明顯的表達出來。如果你給人家的感覺是「好像要，又好像不要」，就不會有可愛的感覺；所有的動作都要很大方。就算要表示不開心，也要很明顯。

　　這是撒嬌最重要的精髓之一。

對於不喜歡的人，該如何對他撒嬌？

現在，找出三個討厭的人。這些人可能是同學、老師、親戚、朋友、鄰居、同事或老闆之類的，反正就是在你身邊出現的人。

這些人，你一想到就討厭，避之唯恐不及了，又該怎麼跟他撒嬌？很難吧？

告訴你一個簡單的方法。前面提過，對於你喜歡的人，你要清楚地告訴他你喜歡他。至於你不喜歡的人，你要跟他講的則是「你自己有多好」。

你要想，用哪種表情跟他講？然後你用同一句話，用那個表情！如果你對他這樣講，他對你的態度會改變。這就是一個非常重要的練習。

講你自己好，講什麼內容並不是重點，重點是你在講這句話的時候，要讓他對你的態度有所改變。

所以，你的意圖要很乾淨，不是要跟對方爭高低，不是在誇耀自己，也不是在貶低對方。你是要讓對方看到你的優點。

你已經不喜歡對方了，偏偏你又把下巴抬得高高的說：「我很棒！」你自己想，今天換成一個你不喜歡的人跟你這麼說話，你會做何感想？

就算你不喜歡對方，好好講話就不會有事。當然，要吵架的

時候就該用吵架的方法，但你要知道，你現在講話的目的不是吵架。

　　如果你給人的態度像是殺手，你們兩個都會成為殺手。只要一動怒，結果就不一樣，因為你有殺氣，會威脅到人家——即使你的刀並沒有完全出鞘。

　　「我很棒～！」你講這句話時，對著鏡子看看你的臉，你給人家的感覺是怎樣？有沒有挑釁的意味？

　　你必須一點都沒有挑釁的意味。你的話必須沒有任何一點傷害性才行，沒有防禦性，話裡完全沒有帶刺，很肯定但又有點滑稽，就會真的很可愛，這樣就有撒到嬌了。

將100%的活力完全灌入話裡

怎樣才能在不傷害一個人的情況之下，你可以表達自己的可愛？既然你要有很可愛的表現方式，首先，你要有足夠的力氣去回應，你要非常有活力灌注在裡頭。

不管對方說他自己有多難受，他說的話有多難聽，你都應該元氣十足地跟他說：「嗯，很棒！」如果你有意見，接著才告訴他說：「不過呢，還有其他的方法，或許可以這樣，或許可以那樣做。」

如果你把大量的活力灌進話裡頭，你就會發現，你跟對方之間互動的情緒會愈來愈高漲。很有元氣的說話，不管人家說什麼無聊的話，你都可以說：「哇！That's a very interesting idea.」要先讓對方感覺到你想要了解的意圖，充滿興趣且活力十足。

如果你是面無表情地說：「嗯，你是個蠻有創意的人。」你這樣講會有什麼結果？你會看到對方有一搭、沒一搭地回應你說：「是啊，蠻有創意啊。」這樣敷衍有什麼意思？還不如不說算了。

你要用很開心的去回應對方。如果你可以這麼快樂，對方就會被你的情緒感染，同時覺得你可愛極了。

撒嬌失敗的理由：意圖不純

話裡帶刺的人就是刺客！你必須讓人知道，你身上沒有帶刀，沒有任何威脅——因為我不會殺你，也不會拿刀捅你，你大可放心。

當你說話帶刺，意有所指，話中有話——就算表面上話說得很漂亮，檯面下像這樣「咻、咻、咻！」地刀光劍影，會讓人很害怕；你的眼神一不對，會讓人家以為你們又要吵架了。

一般人會不敢撒嬌，或是看到對方撒嬌會覺得不舒服，心裡會有一種莫名的恐懼感，就是因為察覺到對方隱藏起來的那根「刺」。如果你有機會把那一整塊隱藏的情緒翻起來，你看到他真正的表情是如此地不屑，那過去所有撒嬌時被瞧不起的感覺，通通都會跑出來了。

所以，你要注意，你的話語、表情跟動作都不能帶刺。就算只是稍微一點點，那個人就會怕你或討厭你，對你有戒心。

你要給人家感覺應該是：你看，我都沒帶武器。

但是如果講話常常都在算計，就會很難可愛。因為別人不敢相信你，你要撒嬌就會越來越難。

「我很帥。」你說這句話的時候，透露著一絲絲不屑的感覺。

「我比你更帥。」對方就會這樣回應你。就算他沒講出來，心裡也會這樣想。

如果你講「我很帥。」的時候，表達的意圖很乾淨、很高興，就會讓人覺得：「嗯，你真的滿帥的！」他會附和你的情緒。

所有丟出去的感覺，都要乾淨。可是，你講話常常會害怕，或是好像殺了人一樣，都不是很純淨，效果當然就打折扣了！

這個感覺是很透明的——我喜歡就是喜歡，我不喜歡就是不喜歡。

我要威脅，就是擺明著威脅。

我要笑裡藏刀，就笑裡藏刀。

我快樂就是快樂，悲傷就悲傷。

你可以有任何一種情緒，但我們現在學的是撒嬌，你就是意圖很乾淨地去撒嬌。

撒嬌是要讓自己跟對方開心，所以你不能有任何影響到會讓彼此會不開心的成分在裡頭，就像甜點裡面放豬肉，或是純金裡面參著石頭一樣地突兀，不僅品質大大降低，甚至會全然變質了。

為什麼撒嬌會失敗？絕大部份的理由是，你傳達給對方的意圖不夠純淨或不完整，打過折扣的。撒嬌時不應該給人這樣的感覺，如果你的撒嬌給人的感覺不純，那就是基本功的問題——態度、活力及意圖。

你的態度要完全的敞開，就像這隻毛茸茸的玩具，你很清楚把

它抱起來一定會很舒服。如果你摸起來的感覺是這樣：

「這裡怎麼有一枝針？」

「這裡怎麼會硬硬的？」

「怎麼有沾到強力膠？」

摸起來硬硬的，或是忽然被針扎到、摸到強力膠，給人的感覺就會很不安全，當然就不會舒服。

活力要像氣球灌氣，灌到飽滿的感覺。

意圖要明確、完整，毫無保留。

要學會這種讓人家舒服的感覺，就是撒嬌。你講出來的任何一句話，包括音調跟內容，還有每一個動作跟表情，都要讓對方覺得很舒服，很安全。

現在我們練習所講的話都很簡單，主要是為了練表情，要練你的心意。如果講的話多，難度就高。你面對你喜歡的人，可能還算簡單，面對不喜歡的人，難度就更高。

很多人都捨本逐末，以為撒嬌的重點是文字的內容，以為練習的是把「話」講出去，就算撒嬌了──完全沒有得到撒嬌該有的結果，不但效果不彰，甚至根本味道不對。

你講什麼不是重點，不管講的文采有多好、多肉麻，如果你一剛開始的心意不對，就只會讓對方起雞皮疙瘩，產生反感。

你要練的是撒嬌的講話方式，給人可愛及甜蜜的感覺，這才是真正要練的東西。

第八章
專家教你如何撒嬌

練習一：靜態撒嬌

靜態的意思，不是要你不能動，主要是因為沒有互動，沒有語言，沒有對話。

現在讓你練習，不必講話，就讓對方感覺你很可愛。

你可以做表情，也可以不做表情，但是你自己要練習的是你散發一個很可愛的感覺跟訊息，可是沒有語言。

你也可以沒表情，你也不見得要笑，有時候有笑，有時候不笑，無所謂的。

有兩個步驟。

1. 別人看你，覺得你很可愛，可是你不需要看別人，你自己很可愛。

自己感覺自己很可愛，沒有要對別人怎麼樣，純粹就是很可愛。所以有時候自己一個人，別人看到你會覺得你很可愛，這是第一種。

2. 你要逗別人，讓對方覺得你很可愛，這是第二種。

但只有表情，沒有語言，看到或是接受的人，也是你要撒嬌練習的對象。

你要兩種都會，第一種一定要先學會，第二種才有可能練起來。

　　你要先學會靜止的可愛，不管對方有沒有動作，你也沒有刻意要傳達給別人「可愛」的意圖，而是自己由內而外散發的可愛。自己要先覺得自己很可愛，你要先會這個基本的第一步，然後，你才有辦法去練習傳達給對方的可愛。

　　當你在傳達可愛的訊息的時候，你不必一直去想著要表現什麼，或有什麼樣的動作，你要先覺得自己可愛，自己覺得自己很美，自己先可愛，然後才能傳達語言。所以，在第一步的練習時，不必去想怎樣逗對方，你只要看起來可愛就可以了。

你可以做表情，也可以不做表情，但是你自己要練習的是你散發一個很可愛的感覺跟訊息，可是沒有語言。

眨眼睛練習

這是針對情人之間,或是好朋友眉目傳情。認真的看著對方,靠眼神拉關係,突破障礙。對著鏡子做做看,一直練到你覺得舒服、自然、可愛,那就對了。

連續眨眼睛三次。

Q:眨眼睛練習,要怎樣傳達出浪漫的感覺?

不需要,呆呆的就好,不需要什麼浪漫的感覺。如果你的心裡想要浪漫,就會有問題。

你說撒嬌要加入浪漫的感覺——我問你,怎樣浪漫?你做出來的感覺就開始讓人感到奇怪。

我要求你的練習,沒有任何的加油添醋。我純粹只要求「可愛」,沒有別的東西——純真的,百分之百的可愛,大方就好。

浪漫這個主題,跟撒嬌是兩回事。你要浪漫,那是另一件事,是另外學習的課題。

有人可以互相練習當然最好，如果沒人，就對著鏡子練，從各種角度跟表情的
細微差異，找到自己最可愛的地方。

練習二：撒嬌動作

第二階段的練習，可愛要加上動作。

第一階段的練習要表現出自己的可愛。現在，我要你集中精神在自己身上，保有原來第一個練習的結果，把自己的可愛表情加上個動作。

你可以換姿勢、體態、表情，但仍是靜止的。

現在開始練習。一樣要給對方可愛的感覺，但要有變化，不是一直一樣，要變，連續換二十種──你要很不在意，做出各種姿勢跟表情，不怕難看才可以辦得到，要練就不要怕難看。

只要你覺得自己可愛，你已經成功八十五分了。

真正的「可愛」為什麼不容易？因為它包括了自信、包括情緒的高昂，你必須要開心，而且可愛一定要富有喜悅的感覺，一定要有甜甜的滋味，要像漂亮又可口的蛋糕──不要那種好吃卻很醜的蛋糕！撒嬌一定要可愛，要給人滿滿的喜悅。

練習如何用力

比方說，要練習張眼睛，你就要盡量張大。你要練嘴形，有一個形狀之後，要能夠固定在那裏兩秒鐘。你要敢做出來，停在那裏，要習慣那個表情——因為那個感覺會變得可愛。

只要你有意識，做個鬥雞眼，人家都會覺得你很可愛。你要練的是能夠定住，做出來的時候表情、姿勢很精確，所以練的時候要很用力。

這就像攝影的打光，光要非常精準地打在要照的那個點上，光線的亮度、要從哪個角度投射、對焦在哪裡，都要很精確。

撒嬌的成功關鍵，就在精確的那兩秒鐘之內要完全呈現出來。你一定要能找到那個非常清楚的時間點，在那個時間點一定要很用力，表達出你要傳達的那個感覺。

如何撒嬌
讓生命更精彩的秘密

練習過程要「敢」，不要怕不好意思，你必須要對於「自己可愛」的這件事情樂在其中。如果你覺得害怕、不好意思、或覺得自己實在不可愛，當然不可能可愛的嘛！

練習三：可愛地說話

第三個練習比較困難——結合前面兩個練習，再加上語言。

講什麼會可愛？不必考慮講話的內容，如果你前面兩個練習有練到一定的火候，隨便亂講都很可愛。

「我可愛嗎？」

「我很可愛吧～」

「喝果汁吧，ㄏㄡˋ～」

這樣就很可愛了，不必挑很難表示的話。不過，這個練習必須再加上你的表情，把它結合在一起，把它講成很可愛。

 Open練習

Open就是你要練習撒嬌的精髓——要很明顯，不能夠曖昧。先來個錯誤示範：

「……你知道我的意思吧？」

「我這麼做……，你應該曉得吧……？」

這樣就不可愛了，撒嬌會變得很噁心，很難受。撒嬌一定要很明顯，在講話裡面，不管你想什麼，可以分下列兩種。

如何撒嬌
讓生命更精彩的秘密

練習一：向自己示好。

「我很可愛。」

「我很棒喔！」

練習二：向對方示好。

「我很喜歡你。」

「你好可愛喔！」

為什麼要這樣練呢？你要向你很喜歡的人示好，就用後面第二招。碰到你不喜歡的人、很討厭的人，那你就撒嬌不出來。很討厭怎麼辦？就用第一招──說自己很可愛。這樣就大小通吃了。

兩個方向的練習都要練，一個向內，對自己；一個向外，對他人。但兩個練習都可以同時對很多人做，意思就是練習場合可以多過一個人，但一樣的做法，有時用的力道會更大，就看空間有多大。

練習四：對話式撒嬌

第四個步驟呢，就開始有對話了，這個練習要包含「思想」在裏面。

一開始只是表面的可愛，像小孩子，沒什麼其他的意思，就很可愛。現在長大了，講話裏面本身要有可愛的意思，這步可就厲害了。

第四步，你要跟對方對話。在對話當中要可愛，但你不能一直都很可愛——加太多糖感覺會很膩，但在講話裏要有一個可愛的味道，就會讓對方很期待，很喜歡，感覺甜甜的，兩個人就會更容易溝通。

這個練習要包含一、二、三的部分，表情、話語、聲音都要注意。但這個練習只有對話，不加上任何的肢體動作，才不會太困難。

生活裏面需要一些情趣。我以我先生為例，他不管有人沒人在旁邊，我們都這樣子講話，旁邊的人看了會覺得很有趣。

有時候，要準備吃飯或出門，我就跟他說：「你還不趕快過來？」，他就很誇張地大喊：「喔！我正努力地走向妳呢！」

有時候，我說：「Hi, honey~!」，他就回應說：「有人在呼喚我嗎？」「是妳在叫我嗎？」

我回到家，他躺在椅子上看電腦，他就故意睜眼說瞎話：「呃~我沒看見妳喔。」

有時候，他叫我幫他選個領帶，他就會撒嬌說：「嗯～我戴哪一條比較可愛？」，「我戴這條喔～這樣會賺很多錢喔！我穿這樣子很不錯吧，會發財。」

偶爾我會跟他說：「你該減肥了，肚子那麼大。」他就摸著肚皮說：「我肚子很可愛啊，你看，我肚子很可愛……」，他會做一些很好玩的動作，表示很滿意自己的肚子，就會讓人覺得撒嬌很自然。

有時候我也會跟他吵架。隔天早上，他就說：「妳不要以為我忘記昨天晚上跟妳吵架！我還在生氣喔，妳不要以為就這樣結束了，哼！」，然後，他就繼續故意擺出一副「哼！哼！」的樣子，看了就讓人發笑，氣什麼就想不起來了。這就是夫妻間撒嬌的情趣。

他有各式各樣跟你鬧著玩的心情，隨時都在撒嬌，隨時都在開玩笑，生活就是很開心，就每天都很好笑。

這些你平常就要練，開始的那瞬間也許是很困難的，繼續做下去就會好了，無形之間你就會上癮了。

練習「可愛」的時候，
不小心變成「三八」，怎麼辦？

這跟講話一樣。就像說，你想回應對方的好意，沒想到說出來的結果，變成不是你原本要表達的事情，對吧？

這個是很正常的。詞不達意，撒嬌變三八，是因為你沒有練好，你表現出來的東西不是人家要的。

這時候，你要去修正，看看哪裏沒有真正做對。

譬如說，你的方向不對，我會告訴你哪裡不對焦——人家講的是這個，你講的是那個，所以你的方向不對；或是你只回應到對方一點點，還沒有講到完整，這就只好慢慢改，做到百分百，但可以補，不用怕。

這就像你在做職務一樣，經過一直修正、一直修正，你一直練、一直練，你才會開始了解該怎麼做你的職務。關於要修正的內容，不是一句話可以講完的。因為每個人都不一樣，狀況百出，要改到好就像愚公移山一樣，是個大工程。

至於要花多少時間才可以變成撒嬌不三八？你得一直練，大概練個兩年，你就會知道該怎麼做。不必擔心，一定練得起來。

練習五：複合式撒嬌

第五個練習是難度最高的。基本上，與第四個練習相同，但要把動作包含進去。

在加上動作的時候，你散發出來的可愛是要有彈性的，要有那種「自然當中的不自然」，你要把那個可愛的意思，灌注到你的手、你的身體，包括所有你呈現出來的模樣。所有的「不自然」要練到自然，肢體動作也要表現出可愛、甜美的氣息與感覺。如果動作或表情、說話不夠自然，就應該退回前面的步驟，從難度較低的步驟再多練習，才會純熟。

像女孩子被摸的時候，要有可愛的樣子，男孩子摸女孩子的時候，也要呈現出可愛的意思。傳達出去的時候要可愛，你跟人家牽手，或你跟人家勾勾手、摸摸頭，都要有可愛的感覺。你的所有動作，都要把這個感覺傳達到位，那個動作是要可愛的、有趣的或是善意的。

練習撒嬌，要注意的重點

一、練撒嬌的「開朗度」，要越來越放得開。這是要練你的心胸，要擁有這樣的心態願意去撒嬌。心態及思慮上是寬廣的，可以容得下對方及其他人。

二、練你的講話，包括講話的語氣、音調、表情、姿勢，是不是讓人覺得舒服。不管要嗲、要ㄋㄞ，都要讓人舒服到心坎裡才有意思，音色、頻率都很重要！

三、練你的專注。在表現可愛的那一個瞬間，需要大量的專注力。不散漫，要有清楚的意圖，力道要夠，活力要強。

四、要練撒嬌的持續能力。就像唱歌要把氣練得越來越長，撒嬌也是一樣，不能只維持一下子，要有體力去維持，否則像沾醬油一樣，還沒到高潮就結束了。

五、練收尾。這一點很重要，不能虎頭蛇尾，顧前不顧後就會功虧一簣！要一氣呵成，漂亮收場。

找自己最弱的地方去練！

只要你練習，就會發現最困難的表達瞬間——那就是你要練的部分，練到你完完全全可以舒適地面對。將你最不舒服、最難表現的點多加練習，整個感覺就會更順更好！

就好比很多人不愛跟陌生人講話，然而只要話匣子一打開就好了，但是一開始要講出來的那一句話最難！就是每天要練、練、練，練到後來，就會很自然。

為什麼做業務的很習慣跟陌生人講話？因為講多了，自然口才會變比較好。可是當他不做業務的時候，回到家他就不一定講那麼多了，因為他只會講跟業務有關的內容，而且他本來是不愛講話的。後來變得很會講話是因為工作的關係；但是當他回到家，他不見得還是很愛講話。

像我這種一天到晚在台上演講的人，上台就不會緊張，如果沒常上台講話的人，他拿著那個紙唸還是會發抖，講了好幾次還是會結巴。

但是，有些練習真的比較難，因為要有一群人坐在那邊跟你練，這就非常不容易；你要跟人對話，要跟人做動作，而且每天都要練；只要一段時間不練，還是會退步的。如果沒有練過牽手、抱人，你還真的不會！

這種事情，一般人不知道，他以為這個人比較性感、這個人比較可愛，應該是天生的──錯！而且錯得離譜，一定是練出來的。雖然我們從小都牽過，都抱過，但是長大之後你沒繼續牽，沒繼續抱，你的動作開始生澀了。不是你不會，而是你忘記了那種感覺。

撒嬌要常練，不只對著鏡子練，也要對別人練。但是，如果你沒那麼多好朋友、好同事，你天天跟人家練撒嬌，人家也覺得很奇怪，所以最好的方法就是結婚有另一半！只有有先生或老婆，你才可以一直摸他，平常別人的女人，你一直摸他幹嘛？會被當成性騷擾。

沒練夠，你就不習慣怎麼去觸摸對方；不習慣，就沒辦法讓這個動作變得可愛。為什麼一開始學交際舞很尷尬？因為你觸碰到另外一個人的身體，那種臉貼臉、胸貼胸、腳碰腳的感覺真的很奇怪，很難受，對吧？但練多了就OK了。

那些舞者為什麼看起來很性感？也是練的。名模為什麼姿勢一擺出來就是不一樣？有些雜誌模特兒擺姿勢其實很難看，就是因為沒練夠，要成為名模沒那麼容易。如果換你去做，你就知道光擺個姿勢有多難受，因為你沒有辦法做出她做的姿勢，她可以擺，你同樣的姿勢擺出來，可是感覺就是不一樣。這之間的差異，就是練習的多寡。

你也可以很性感，你也可以很有氣質，可是你練得沒有人家多。

當然，我們畢竟不是做那個職業，不必刻意去練那些技巧，但是在生活上，你應該要練會撒嬌！因為這是你每天要用的基本技能，這是生活上不可或缺的工具。

你有沒有想過，為什麼要用這樣可愛的方法跟別人講話？

也許你講起話來都頭頭是道，可是卻不見得討好，有時別人反而會覺得：「哼！你以為你很厲害呀？」

可是，你只要加一點點撒嬌進去，效果就會完全不一樣。就算講的內容都100％相同，只要把可愛的因素加下去，有點像蛋糕抹上一層奶油──即使採用最上等的原料去做，吃起來味道非常好，不過蛋糕本身沒啥好看，看起來還是四四方方。但上面有了奶油，看起來就特別可口，就算裡面的內容沒有改變，就是那個裝飾可以讓蛋糕價值更高，真的很偉大！

只要把撒嬌融入生活裡，你會突然輕鬆很多。別人會喜歡你，談生意就容易，談感情就深入許多，彼此就更容易滿足，每一個朋友都覺得很快樂。如果你很嚴肅，像個硬梆梆的石頭，或是像一包很好的軍糧──吃了會飽，不會餓死，但很沒意思！

第九章
撒嬌該注意的事情

四個W：What、When、Where、Who

接下來，我們要討論這四件事情。這可以幫助你分析、過濾撒嬌的範圍及方向。

1. What：什麼事情，你喜歡撒嬌？

例如：穿漂亮的衣服、拍照擺姿勢、吃東西、拿筆、拿杯子的模樣、開車的動作……你可以找到自己的喜愛，把它變成自己的專長。當碰到那些場面時，你就會有一套熟悉的撒嬌方式。

2. When：什麼時候，你最有心情撒嬌？

例如：很開心的時候、高興的時候、做錯事的時候、有求於人的時候、上班的時候、下班的時候、跟別人約會見面的時候、說再見的時候……整理出來，可以幫助你在撒嬌上更進一步，也有更多元的練習。

3. Where：什麼地點，你喜歡撒嬌？

譬如說，你喜歡在床上撒嬌？你喜歡在辦公室撒嬌？什麼地點，你自己要先決定。因為這是你選擇的，練習起來會更有意思。可以再配合生活的方式與路線找出更多的可能，例如大樓門口、小吃店、買便當的地方、洗衣店等等，這些地點可以讓自己發揮更多創意。

4. Who：什麼人，你想要撒嬌？

你只要講出那個身份，那個答案就出來了。比如說：媽媽、陌生人、小孩、長輩、上司等等。每個人的對象都不盡相同。當你把這些對像列出來之後，就表示可以找出有哪些是你需要練的。有了方向之外，練習的計畫就能更明確。

可愛，需要精準對焦

你不要刻意給對方很聰明伶俐的感覺，那樣就沒有撒嬌的效果。也許你是真的很聰明，反應超快，辯才無礙；但在撒嬌的時候，必須要把這些感覺全部卸下來。

你很會辯論，講話條理分明、頭頭是道——那很好，但辯論並不是撒嬌。你每次遇到女朋友都想跟她辯論，那也不太好吧！撒嬌要裝傻，有點糊塗，但並不是真的什麼都搞不清楚，那又變成白目了。

撒嬌要讓對方很舒服，可以紓解人際關係之間的壓力。

當你的撒嬌是真正發自內心，那種笑容會很可愛。只要你還有一絲絲的計較、一絲絲的仇恨，笑容就不會很可愛，撒嬌就會出問題。

以裝扮來說，有很多種的型態。一般男生最喜歡的類型，就是看起來「可愛」的。你可以穿得很華麗，打扮得很性感，很有氣質或是很專業……這些都可以，但最受歡迎的還是「可愛」。

一般來說，很多男生在結婚之後，不喜歡老婆穿得太性感。有時候，老婆穿得太性感，你會聽到丈夫對老婆說：「穿成這樣，妳以為妳是妓女啊？」

你要想，為什麼他會這麼說？他在氣什麼？

一般最常見的理由是：「妳穿這樣要幹嘛？勾引別人嗎？」

但如果妳的打扮很可愛，老公都不會反對，因為可愛都是最有親和力、最受歡迎的表現方式。

年輕的男孩子會希望女生最好內衣外穿，細肩帶、馬甲加熱褲，最好屁股跑出來，乳溝全部曝光，看到流鼻血，這種感覺叫做「如沐春風」。不過，那是十七歲到二十歲左右的年紀。

所以，你想要穿性感一點，應該要在那個時間點穿的性感一點。年輕的時候你不穿，等到五十歲的時候妳再穿熱褲——就算妳的身材還不錯，就是比不上年輕人的青春肉體，一不小心穿幫，很危險。

但不管年紀多大，你都還是可以走可愛的路線，讓人感覺很陽光，還是可以廣受歡迎。

你年輕的時候有本錢，當然要性感一下。可是，當你結婚過兩年，大部份的老公就不會希望妳穿成這樣暴露。所以，有很多人就是十七到二十歲的時候不敢穿，喜歡把自己包得緊緊的，跟粽子一樣，等到了五、六十歲才鼓起勇氣去穿無袖的、穿露背的——簡直是嚇死人了。

年輕時盡量打扮，不管怎樣三八都不會變的很三八，為什麼？因為這個年紀就是三八的年紀啊！小孩子穿什麼都好看，那時候

的膚質、氣色完全呈現出年輕人的美。可是，到了四、五十歲才要穿成十幾歲的模樣，怎麼會好看呢？根本稱不上是性感。

等到了三十幾歲的時候，就稍有一點女人味道，妳可以性感，可是還是要比較端莊，比較可愛。如果隨便亂露，就很難看──為什麼？人家會想你要幹什麼？你要表現什麼？你就很難撒嬌

為什麼有的老公會說妳像妓女？因為，妳的年紀已經過了那個可以隨便亂露的時間點了。而且，人家會想你在幹什麼？你想表達什麼？那你就很難撒嬌，因為給對方的感覺不純，怪怪的，效果就打折扣了。

一般人過了五十歲，皮膚會變得沒那麼漂亮，開始出現斑、有皺紋，如果妳穿得那麼露，其實還蠻有礙觀瞻的，看了不夠舒服。

你有機會去看那些參加Party的年輕女孩們，她們穿的裙子很短，因為腳沒有贅肉，她們那樣穿讓人看了是很舒服的，那就很美──因為她們還年輕，青春無敵啊。

如果年紀大了還那樣穿，一定有不美的地方；雖然妳很想跟年輕人媲美，但真的沒那麼容易──妳不是十七歲，就是沒辦法跟十七歲的人比。

當然，二十七歲、三十七歲一直到八十七歲的人，一樣還是可以很可愛。不過，可愛的方式一定不會跟十七歲一樣；你要曉得

什麼時間該做什麼事情，才會讓別人舒服。

要可愛，就是在十七歲那個時間點最容易展現活潑青春，也最適合把好體態展露出來，讓大家欣賞。如果過了那個時間點以後，妳三十幾歲了，當了人家的老婆，還是一直故意穿很短……妳要知道一件事情，即使老公口頭上不會嫌妳，他也不是不敢講，但是他並不欣賞。

如果你已經超過十七歲了，卻還一直想要用十七歲的打扮刻意留住青春，這樣並不是真正的人生。你應該知道什麼階段，去過什麼樣的生活，去做那個階段應該要做的事情；而不是因為你十七歲的時候沒有穿露背裝，沒有玩夠，所以一直要滿足那時候沒有做的事——No！你已經錯過那個時機了。

所以，你想要三八，趕快趁年輕的時候盡量三八。過了可以三八的時間，就應該趕快拼命賺錢、變懂事、變成熟；現在是生小孩的時間，就要趕快去生孩子，過了就很難生，也沒體力帶小孩。

時間點非常重要，因為在正確的時機做正確的事情這件事，那種「精確」的程度本身就是一種美；就跟撒嬌要精準的到位一樣，是需要準確對焦的。

撒嬌這個東西，要考量的範圍包括你喜歡的人、你不喜歡的人、什麼時間點切入，你要能夠判斷，要會看情況——對的時候

說對的話。有很多時候，你撒嬌的方式跟內容，要斟酌當時的情況使用不同的力道。

例如同事正在開會，或是在逛夜市，或是在海灘度假，在家裡的客廳，現在有公婆在面前……每一種情況都不一樣，你要知道該怎麼撒嬌，而且要合宜，這就是撒嬌的藝術。

但是，有時候你不按牌理出牌，給人的感覺就會很三八。

譬如在開會時，你忽然站起來把衣服脫掉，裝出一副很可愛的樣子──所有的人都會昏倒，不曉得你在幹嘛。

撒嬌，應該要用在正確的時間點。

撒嬌的重點是：每一個時間點，你都可以很「可愛」。而且這種可愛的感覺，不管擺到哪裡，都不會不登大雅之堂，這就是關於撒嬌品質，你一定要練的基本功。

這種可愛隨時都可以出現，不會在開會的時候不適合，或上班的時間很噁心，或是吃飯的時候很不雅 ──Always，永遠都適合。

等你練到夠可愛，就不需要特別考慮「我什麼時候不可以撒嬌」這種問題，因為你的可愛渾然天成，任何時候撒嬌都不會得罪誰，也不會嚇到人，這時你就練成了人見人愛的撒嬌本領了。

練習要特別注意起頭跟收尾

你不要以為演員天生就長這麼漂亮，一切都是靠練習。可愛也是一樣，是練出來的，每個表情都要練過，不會天生就很可愛的。

剛開始練，不習慣是很正常的事。你要把練習撒嬌時的可愛，化成跟吃飯一樣的稀鬆平常。

就以眨眼睛練習來說，你一剛開始要先練完全的把眼睛張大撐開，然後再眨眼睛；要練到很快，很自然。

如果不夠自然，對方會跟你說：「你要幹嘛？」

「你眼睛痛啊？」

「需不需要點個眼藥水？」

這就是做錯了，讓人會錯意，表示你還沒練成功，就像練唱像殺雞一樣難聽——失敗。所以還是要繼續練。

當然，練的過程一定會發生這樣的情況。你要知道你在練習，沒有這麼快就可以「出師」的。但如果平常這樣對別人練，很容易遭到對方的貶低，這個社會就是很殘忍，在你還沒有成功的時候會有很多人這樣告訴你：「啊，你去撞牆好了！」

「妳去死一死算了！」

「不會成功的啦，練個屁啊？」

「練這個沒用的啦！」

「依我看，你離成功還有很長的一段路喔！」

連父母都會常常這樣去貶低孩子，讓你沒那個勇氣繼續練。但我們現在要講的是進步，是成長必經的痛苦，你要曉得這是一個過程，你要變得比人家厲害，就非得練習不可。不管遭遇什麼痛苦，只有三個字：「繼續練」！

當你練到撒嬌可以持續之後，最重要的就是要能夠收尾，結束的時候要最漂亮。撒嬌的收尾，就像體操選手最後落地的那個動作，是影響成敗相當重要的關鍵。

以交響樂來說，如果你注意過結束前的動作，樂隊所有演奏者都幾乎是保持靜止狀態的；等到指揮把手放下來，大家才站起來向觀眾敬禮，接受聽眾的掌聲。這就是一個漂亮的收尾。

撒嬌時，對方在看著你，你前面的撒嬌表現的很好，很漂亮，但最後忽然很敷衍，好像看電影時間到了散場走人，或像洩了氣的皮球一樣癱掉了，那你就前功盡棄，一切都白練了。

收尾要收得漂亮，要讓你撒嬌變得完整。就像唱聲樂到最後，你要把那個氣拉長三秒，在對的時間點才把氣放掉作結束，結束後才能向觀眾敬禮。

撒嬌時你做一個動作，到最後的時候不要刻意把動作結束了，你要讓它再自然地延續下去，才做收尾。如果你馬上變臉生氣，

或是換成讓人不舒服的難看表情，分數就會被扣光，原本給人的好印像通通完蛋了。

　　所以，撒嬌的時候非常忌諱中途放棄，可愛到一半忽然呈現呆滯狀態，好像玩到一半就不跟你玩了，不理你了，那種感覺會很糟糕。

　　我很強調吃飽、睡好，要有體力，就是這個原因。如果你體力不夠，連笑都笑不出來，也沒有力氣去搞好人際關係，更別提要去撒嬌了。

 ## 兩秒鐘的「凝結」練習

撒嬌,什麼情緒都可以練。如果你要很尷尬,可以!你就很尷尬,但必須把你的尷尬表情凝結起來,很尷尬地持續兩秒。如此,就可以讓尷尬變成是一種可愛。

如果你是因為「很辛苦」、「很勉強」而尷尬,那就不會可愛。

如果你的尷尬是非常清楚地凝結起來,表現給對方看:「我就是很尷尬嘛!」,那這種有意識的尷尬就會很可愛。

那個可愛的尷尬,是要刻意表現出來的;如果尷尬是不由自主的,那完蛋了——對方比你還尷尬。

知道這其中的差別?

就像女孩子表現很害羞,「那,人家就是害羞嘛……!」因為你傳達給對方的意思,就是「我正在害羞!」,這樣,就撒到嬌了。

所以,你可以尷尬,你可以不好意思,你可以傻笑,你可以很糊塗,……做什麼都可以,但是你要把想要表達的意思凝結,讓感情變得很濃,像原汁、原味的果汁一樣,兩秒鐘之內讓對方可以接收到,像卡通影片或漫畫裡突然來的特寫畫面一樣,凝結得很明顯。

不管你要表達怎樣的感覺,你要練的,就是用力把自己凝固起來——持續兩秒,然後再結束,就會達到撒嬌的效果。

突破尷尬的障礙

既然是練習，就一定要有所突破。所有的進步成長，都必須突破一樣共同的東西，叫做「尷尬」，要突破那種不舒服的感覺，這是必經之路。

你要曉得，不是只有練習「撒嬌」這件事情，你才會尷尬。不管是去面試，去新公司報到，上台演講、做簡報，其實多多少少都會有尷尬的感覺，只是每一種尷尬的性質不太一樣，但大同小異，非常類似。

有時候，那是一種很難受、不願意、極度痛苦的感覺，好像有一種快要窒息、心臟幾乎要停止，或者是受不了快要爆炸的那種感覺。有時候是很難為情，或是很不自然，甚至幾乎要讓人惱羞成怒、想要逃走之類的感覺。

在練習過程中，就是要你去突破那種感覺，你要能夠「樂在其中」。就像在運動練習的時候，你會有心臟噗通、噗通的加速壓迫感，然後教練會告訴你：「快！再快一點！再來一遍，去！再做！」已經喘不過氣了，還要咬牙去突破。

真正做過運動訓練的人，一定都經歷過這樣的過程，所有的進步成長也都是一樣。

再以演員為例子。他們在演的時候，不也常痛苦不堪，演不出

導演要的感覺？導演說：「不是這個表情，不對！再一次！」讓演員覺得很挫折。

關於這個撒嬌的練習，也是一種成長，一種進步的歷練。我要特別解釋這個「障礙」，就是你不能一遇到尷尬就決定退縮。尷尬是一定會遇到的，你要想辦法去突破。

你有機會看到奧運培訓的那些選手，他想要打破世界記錄，每天都必需突破自己的極限，那種過程一定會很辛苦，但你要拿到好成績，就一定要活在那種過程當中。

既然撒嬌要練習，你就必須要有一個覺悟：你要訓練自己成為一個撒嬌高手。

如果稍微放鬆，馬上就要想下一個練習該做什麼；如果覺得「微笑」的練習已經夠了，馬上要繼續想再練習怎樣去表達「驚訝」，要主動去想什麼是我不會的，馬上找機會去練。

怎樣的進步速度會很快？只要你有一點點覺得自己不尷尬了，馬上找問題來讓自己尷尬，你就一定會進步。

假設你跟我都想要當歌星。但你想的是上舞台很難受，很不好意思，所以能不出場就不出場，躲在錄音室練唱就好了。

我想的是，這招我會了，那下一招我要練什麼？還有什麼是我不會的？

如果你每天只是想著怎樣可以避免尷尬，我則是每天練習怎麼

去面對尷尬，時間久了，就天差地遠了。

如果我練過，我也尷尬過，尷尬個幾次，我的台風就會很穩，開演唱會唱歌就不會發抖，上台的表現一定會越來越好。那角色對換，如果換你站在演唱會場上，你都沒練過，看你的台風能有多好？就算你有天生的好嗓門，但從來沒練習過面對觀眾的尷尬，你上台能唱得多好聽？

重點是：千萬不要以為你不會，那樣的練習很難受，就決定放棄了。只要練習，就可以解決大部分的問題，不練，就一定沒機會。

你現在撒嬌很不舒服，同樣地，現在叫你去開店當老闆，你會有多舒服呢？也一定很尷尬。叫你去賣燒餅油條、去當業務、當Party主持人，你也一樣會很尷尬，對不對？

所以，不管你要做什麼事情，都是會尷尬；可是，要經歷這個感覺，如果你不願意經歷這個感覺，就沒辦法享受進步成長帶來的喜悅，也到不了你的目標，這是個擁有才華能力背後必須付出的代價。

以我自己為例，我以前上課就是會衝得很快的那種人，幾乎一路哭過我所待過的每一間教室，每一堂課都哭著上，常常要跑去廁所哭一哭再回來，真的很痛苦。但現在回想起來，還真的是苦盡甘來，就算人生再走一回，我還是會選擇一樣的路，因為吃苦

真的值得。

　　這些撒嬌的練習，要讓你能夠非常自然地做出這樣的表情或動作。如果連這樣你都不敢，你還想要開店嗎？你想當老闆嗎？你能面對客戶嗎？你敢跟陌生人搭訕嗎？或是你要去做專案簡報，老闆問你一些問題，你連回答都會尷尬……不管去哪裏，都有機會必須站起來講話。

　　所以，一定要學會克服這個問題。

練習，必須無所保留

你在學、在練的時候，你要敢，不要保留——跳下去就跳下去了嘛，保留什麼？一隻腳留在那個地方，要怎麼跳呢？

當你練一個表情的時候有所保留，就一定練不起來。我的意思不是要你達到滿分的水準，而是叫你用盡全力；好比練習眼睛張大，就要張到最大，叫你專心，就要全神貫注，除了眼前這個人或這件事之外，其他什麼都看不到。

撒嬌能夠發揮的功力，就是在那兩秒，百分之百要命中才會有效。不管你做什麼動作，不管你要有什麼表情，都一定是要百分之百。

在那兩秒鐘，你必須完全心無旁騖。不管你的動作多醜、不管你表現的多奇怪，就是展現可愛的時候。在這兩秒鐘你要完全真空，把要表達的感覺做出來，你要敢做。

想想看，如果妳要跟妳公公撒嬌，那妳要敢這樣做：「爸爸，我牽著你走。」妳要敢把手伸出去。「爸爸，親一下！啾～」，要敢講、敢做；「飛吻，啾～！」在那個時間點上的情感表達，一定要非常非常強烈，然後就結束了，就完成任務了。

撒嬌的時間，通常最多只有兩、三秒，可是精力要完全「榨」

出來，不是一件容易的事。你要表達情感的時候，一定要用盡全力，那種濃烈的感覺才會出現。感情要出來的時候，不要讓它縮回去，那就會讓人覺得很三八了。

人家會覺得：「你……是拉屎拉不乾淨嗎？」

當撒嬌的表現不完整的時候，它就會變質。就像你喝的果汁，如果不純或是加料，喝起來就沒有那麼舒服，因為它不是原汁原味，濃度不夠外加品質變質，感覺走樣，就是不過癮。

所以，如果你在練習的時候有所保留，永遠練不會。

一個運動員在訓練跳高、跳遠時，如果他刻意保留實力，那他就沒有辦法訓練。因為保留實力，就不可能做到極限。你一定要衝到極限，然後才能突破，才會有進步。如果你都保留實力，怎麼可能會遇到極限？又怎會有辦法突破？

在書裡面教你的撒嬌練習都很簡單，但你要練到把自己全部的極限逼出來，你才會變成一個真正可愛的撒嬌高手。

第十章
一舉一動，都可以撒嬌

撒嬌一定要「可愛」，不一定要「性感」

　　為什麼要特別提到撒嬌要很「可愛」？為什麼不說撒嬌要如何「性感」？性感不也是讓人感覺舒服的嗎？差別在哪兒呢？

　　和「可愛」比起來，「性感」沒那麼有趣跟實用。「性感」的能力你也必須要有，但是「性感」能夠發揮的範圍較小——需要性感的地方幾乎都需要撒嬌，但可以撒嬌的時候，不一定都會用到性感。撒嬌的範圍是everywhere、anytime，所以你應該要先學會這個基本技能。

　　如果你很可愛，對方要跟你做愛的時候，就算你不是很性感，也沒關係，他不會因為你不夠性感就做不下去，問題還沒那麼嚴重。但是你一定要會撒嬌，這個動作真的很重要，處處可用且任何時刻都有效！

　　撒嬌是人與人之間的一個接合劑，「可愛」則是撒嬌不可或缺的元素，也是會讓人感覺很安全的關鍵。

　　撒嬌對我來說，是一個最好的放空時刻。如果你喜歡發呆，撒嬌是最好的放空時機，因為撒嬌時甚至不必講話，只要擺個表情

──

　　「嗯？」

　　「啊～」

「喔！」

「欸……」

沒有特別想什麼內容嘛！可是給人的感覺就是很舒服。

如果情人想要久久長長，在一起那麼多的時間要幹嘛啊？每次都很性感，不是很累嗎？如果很多時候都太濃烈，像濃妝濃到化不開，每天都頂著新娘服化妝，是不是受不了？

某一段時間表現很濃烈，還可以承受得住，那是屬於比較性感的。但所有的時間都這麼性感，要幹嘛？

可愛就不一樣了。老了都還是可以很可愛，對吧？連老奶奶都可以很可愛，不是很好嗎？可是，如果你奶奶每天都很性感，要幹嘛？

所以，對撒嬌來說，「性感」不是那麼多的時機都需要。但撒嬌一定常常有用，又很可愛，你現在努力練習可愛，就算到了阿嬤、阿公的年紀，都是可以很可愛，都還是可以很受歡迎。

所以，可愛實在太重要了，一生受用啊。

就連生氣，也可以很可愛地撒嬌

講到如何撒嬌，就要練習怎麼可愛。所有你可以想像的情況，都可以很可愛。

非常非常有趣的一點是：就算在生氣的時候，你都還是可以很可愛。現在要學習怎樣生氣的時候很可愛——講很毒的話，用很可愛的表情。

那怎樣才叫很毒的話？

「你很討厭！」這個最常講，可是怎樣講起來會很可愛？

「你好毒喔～！」

「我想陷害你。」

「我好想把你剁成肉醬！」

「我覺得我被你設計了。」

「我恨你入骨！」

「你去死啦！」

「你怎麼這麼討人厭？」

「我再也不要看到你了！」

你試著講很毒的話，用很可愛的表情，就會得到那個撒嬌的效果。現在練習看看，講剛剛講過的這些話。

你可以生氣，生氣也很可愛。

「討厭啦，你怎麼那麼討厭！」你撒嬌撒得好，對方會覺得：「喔～真是古錐ㄟ～！」他對你的印象會很好，但同時也接受到了你生氣的感覺。

這是要練的。你是很生氣，發自內心的討厭，可是永遠記得表情要很可愛──這是一種美德。不會嚇到對方太多，但又傳達了你的生氣，點到為止，不會太難堪，也不會撕破臉，就是一副從容優雅的樣子。

你講內容很毒的話，可以！如果你要講，搭配上很可愛的表情，就能保你不死，絕對不會到不可收拾的下場。對方看到你很生氣，又這麼可愛，會有什麼感覺？──很想捶下去，又很想把你抱起來。

以我老公跟我吵架為例。他說：「我現在雖然罵你罵得很兇，但不想再跟你吵下去了！可是不要忘了，我還是很愛你！」然後碰一聲，他把門用力關起來。他很生氣，可是氣的那副模樣很可愛，我都捨不得對他生氣，我就了解了，氣也消一半，平靜很多。

「你再這樣，我就殺了你喔！把你剁成肉醬，看你怎樣！」你很氣，但你表達的很可愛，對方就會「嗯……這傢伙……」憋在心裡差點笑出來，氣氛就不會變得很恐怖。

你可以真的生氣，也可以真的講話很毒，但是你要講很毒的話

的時候，你不能擺出很陰險的樣子。

你如果真的很氣對方，還是要記得「溝通」，你所有的表達都是為了互動。你在溝通的時候，把想要表達的感覺呈現出來，雖然你嘴上說要殺了他，可是你並沒有真的要把他殺了──你要表達的，就只是你真的很生氣，你覺得他做這件事情不好，就這樣而已。

所以，講很毒的話一樣可以很可愛，只要搭配很可愛的表情，就是撒嬌，這是另一招。這一招練會了，保證你三生有幸，人生非常精彩，絕不會走到挽回不了的悲慘局面，一切都可以控制。

當要對別人講：「我很可愛、我很棒、我超帥的」，很多人都不見得敢講。那些平常狗嘴吐不出象牙的人，很愛說：「你很爛、你超賤的、你這王八蛋」，都不講什麼好話，嘴巴很賤，還是可以讓他變得很可愛，這就是撒嬌厲害的地方。

現在你就曉得，不管用各種方法去表達，都可以很可愛。你可以講你自己好，也可以講別人好，你開始可以罵他，你也可以罵你自己。這可以用在對方很氣你，或非常生氣的時候，都很有效。

如果對方很白目………

Q：如果我用撒嬌的方式告訴對方：「你不要再這樣了喔，再這樣我要生氣囉！」但是他覺得我並沒有真的生氣，還是繼續惹我，那這樣怎麼辦？弄到我都快哭出來……

A：再講。因為你沒有把生氣的情緒傳達到。

你很生氣，你要把生氣的內容用這種可愛的方式再講一次。你又表達了一次，把你生氣的感覺再次傳達出去了，對方也得到了，他懂不懂、到底有多白目，那是他的問題，就算他再白目，總會有聽懂的時候。

至少你很可愛，不傷感情，這樣的結果就是最棒的，雙贏又有溝通，大家都有空間。只要有得談，氣氛就會得到緩衝，關係就可以修復到更好。

避免用低級的話語來練習

講很毒的話，還有一個要注意的——你不能講太低級的話。

你可以說：「我會陷害你呀！」、「你小心我拆你的台呀！」或者是「我要扯你後腿呀」，這些都沒關係。但是，你不要跟對方說：「我要剁掉你的小雞雞！」、「我會強姦妳喔！」，這樣就不好。

為什麼？

因為，你講話的內容裡含有「性」的東西，比較容易流於低級，要小心。

跟性有關的內容，會牽涉到quality（質）的問題，會變得很難控制，讓對方覺得噁心或不舒服，大大的違背撒嬌的定義及原則，所以不要講下流的話語或用詞。

撒嬌，是要讓兩個人之間的關係朝向正面走。如果老公跟老婆說：「妳穿這樣，小心我會強姦妳喔！」這樣還過得去——如果你們倆個是愛人的關係。如果老公跟老婆說「我會強姦你」，那表示他想要跟妳做愛，然後就可以開始做愛了。

他要跟你做愛並不是壞事，因為你很可愛，讓對方很有慾望，對方心裡會想：「沒辦法，是你自找的，誰叫你那麼可愛？」

這是一種情趣，表示說他喜歡妳。這僅限於兩性之間，有正常

關係的情侶。

可是，如果妳跟他說：「我要剁掉你的老二！」——只要是男人，任誰都不會覺得這件事聽起來很舒服，尤其當彼此關係並不親密時聽起來更刺耳。所有的男人都會覺得，這一點都不性感啊！他怎麼可能會跟一個想剁人老二的女人上床呢？

那種感覺，像壞人要殺你的時候，你會覺得恐怖，就不好玩了。

我們這個練習，最後的目的是什麼？撒嬌。那把你老二砍掉了，還要撒什麼嬌？

在夫妻之間，若有人說：「我想要『上』你」，這算撒嬌，也是一種很好的挑逗——甚至把做愛當成懲罰，也很有趣。無所謂嘛，亂搞亂搞，情人之間就是這樣，胡說八道，開心就好。

情人就是沒特別幹什麼，真的沒幹嘛。戀愛這件事情是很輕鬆、很無厘頭的，所以你會很喜歡，因為很放空——就是撒嬌、就是可愛，沒有什麼目的，就是兩個人好玩，兩個人就甜言蜜語、風花雪月；像小孩子辦家家酒啊、丟沙包、玩泥巴一樣，純粹是「好玩」，它沒有要幹嘛的，沒有要成大功、立大業，沒在講什麼嚴肅的事情，這就是兩性。

除非持家、養小孩、照顧父母，這是戀愛以外的事，不一樣，

要特別分出來。為什麼我們要有工作，要有團體？因為團體才是有成就感的。有工作、有事業、有打拚、有突破、有目標；但兩性之間沒有這些事情，兩性關係就是兩個人每天黏在一起，無所事事。

所以，你的生活不能夠太拘泥、太受限於兩人世界的原因，就是在這裏──因為沒什麼方向啊！

如果有個男孩子一天到晚在想女人，沒心情唸書，沒心情工作；你應該告訴他：別再想了！你的腦袋裡要是只想著女人，這輩子完蛋了！

「只是想女（男）人」這件事情，會讓一個人變得很墮落。為了一個女人不上班，什麼事情都不幹，整天失魂落魄的，就會變成沒出息；因為它的人生方向錯了，根本沒在生產，要不然就是製造出錯誤的產品，讓人看了就討厭。

你要曉得在什麼時候該做什麼事情，什麼技能可以在什麼領域發揮，當全部攪和在一起的時候，什麼事情會變得很有意思──這就是人生的樂趣，這就是我們終其一生在玩的遊戲。

第十章 一舉一動，都可以撒嬌

 可以用撒嬌的方式批評對方嗎？

Q：如果我對他的所作所為很生氣，可以向對方講出類似「你幹嘛這麼固執？」、「你為什麼總是講不聽？」之類的內容？

A：不可以！因為那是批評，那是貶低，講那種話就跟你說要去剁對方老二一樣難聽，沒有誰會聽進去的。

你為什麼要去批評別人？生活裏面永遠不要有這些，講這些話對你的人際關係是完全沒有意義的，就等於是毒品，或是你永遠不需要去吃的藥，你生活裏面不應該有批評，因為沒人會喜歡。

在講這句話之前，你先想想，這樣講要幹嘛？對方會有什麼反應？對誰都沒有任何好處，這種批評的話從頭算到尾都只會讓你的溝通扣分，為什麼要用？就像你抽菸、喝酒或是吸毒，到底對你會有什麼好處？

你不要想著說，我怎麼樣可以用撒嬌去批評對方，然後對方會心情變好。這個問題就像「我該怎樣吃毒品，然後可以身體健康？」這是不可能的事情，了解嗎？

生活裏永遠不該有這個東西，這是特別提出來提醒大家，撒嬌不要用這樣的內容去練，不管你怎麼練都是沒效的！如果你在日常生活裡常會想指責別人、批評別人就要特別注意了，非常危險。就算你能撒嬌，別人也會怕你，就像多刺的玫瑰讓人不舒服。

「穩重」跟「可愛」會不會產生衝突?

如果見過我老公「福星」,看看他有沒有因為很可愛,就讓人覺得不穩重或不禮貌。他快六十歲的人了,還是很可愛,而且每天都非常地禮貌、非常地穩重,穩如泰山,根本動不了他一根寒毛;就像是落地生根,動不了他。

但是,你擔心的是因為你不會講話,所以別人覺得你不穩重?你為什麼會沒辦法做到既很「穩重」,又很「可愛」?這種不穩重的感覺,是怎樣來的?

因為你有些時候講話很三八。不穩重,就是你講話不對焦。人家講這,你講那,他就會覺得你不穩重。真的會溝通就可以穩重,同時也可以幽默、可愛。

還有一點,就是你講話不精確。你應該要了解精確的重要,只要講話不精確,對方就會罵你不夠穩重。你聽到對方說你不穩重,那你會想知道理由,請他教你怎麼講話才算穩重?他可能沒辦法告訴你。

於是,他會亂罵你,你就亂聽,這又是你不夠穩重的地方。他隨便罵你,是因為他不知道要怎麼講,那你也不懂,莫名其妙就隨便接受,吃了悶虧也不知道該怎麼反擊回去,就會越來越奇怪,講話越來越不對焦,當然就無法穩重了。

因為我的工作是顧問，講話就是我的專業，我會告訴你非常精確的點，告訴你錯在哪裏，對在哪裏，你為什麼這樣子講OK，為什麼這樣子講不好……我都可以告訴你理由，端看你是否可以接受。

可是，當長輩罵你的時候，如果講話不對焦，常會發生很危險的事。他不知道該怎麼說，就亂罵一通，說什麼你不聽話、任性之類的。

最糟糕的，像是父母常會給小孩扣上「不孝」的帽子，他就突然跟你說你不孝順，罵你講話都不穩重，說你都沒責任感……你聽不懂他在講什麼，可是，他就這樣罵你。

這是很危險的事情。有很多原本不應該發生的衝突，可是沒辦法，就是因為講話不對焦，而產生難以彌補的裂痕。

你要能夠承受壓力，要承受對方「不會教而硬要教」的這種社會風氣──到處都是想教你的老師，沒有人願意當學生，大家胡亂罵一通，所以你覺得很困惑，他動不動就說你不好，這種事情對小孩子真的很不好。如果沒有真正的研究，你哪會知道有什麼影響？但很明顯的結果是，大家都被教的很不快樂。

你爸媽一不高興，就說你不好。這一句「不好」後面，會發生什麼事？什麼事情都會發生吶！輕則喪氣，重則喪志，嚴重一點的就跑去自殺了。

假設你花了一筆錢，不是爸爸同意的，那他就會說你這樣做不好，怎樣不對等等。

假設你講了一句話不是媽媽想聽的，她就會說你不好，說你不懂事。

假設他告訴你，你應該去見你舅舅，可是你沒有去，或者是你去了講錯話，他就說你不好──亂罵，用兩個字「不好」通通蓋過，很危險。

另外一句話常聽到的，就是罵「你沒有責任感」，你聽不懂究竟是哪裏沒有責任感？因為他不知道怎麼講，反正不爽就罵，說你不穩重，你完全不知道該怎麼改。

如果是女孩子，他就會告訴你說：「妳不要那麼輕浮。這樣做事情，別人會看不起妳！」

妳就會覺得：是怎樣輕浮？我是浮起來了嗎？然後就會很困惑，很傷心，覺得人家不喜歡妳而感到自卑，真的是極為悲慘又不對焦的教育。

這個錯綜複雜的情緒裏，造成一個人很沮喪──因為你不知道為什麼，不知道焦點在哪裏。

問題是，對方也不知道自己要講什麼。他確實有事要講，只是講不清楚；再加上他很情緒化，所以你也搞不清楚到底發生什麼事情，莫名其妙，但又被罵的不明不白，結果當然亂七八糟。

於是，你會想要改進。要改進什麼？

「我要讓自己更穩重一些。」

我一聽就知道你發生什麼事，因為你被罵不穩重，可是你不這麼覺得。你雖然願意變得更穩重，卻又無從改起，也不知道錯在哪兒，要怎麼改？又要改到怎樣才叫穩重？

所以，為什麼我用的方法跟人家不一樣？因為，我們都以「你認為的」來改正你，如果你不這麼認為，叫你改，沒用啊！以你自己所了解的來改、來做，才會有效，才會有意思。

「你覺得你不孝嗎？」

「我不覺得呀！我覺得我很愛我的父母。」

喔！很好，那你沒有不孝，就結束了。

可是，父母會說，「你這個傢伙一天到晚都在忤逆我！」

你說：「沒有啊，我哪有不孝順你的意思……」

「最不孝的就你啦！」

「我沒有啊！」

「你就是有！」

那到後面怎麼講？沒什麼好講的嘛，因為他就是一口咬定，然後就說：「你是翅膀硬了嗎？一直跟我辯！」因為他也不知道自己要講什麼或講錯什麼，惹對方如此生氣。

當然，並不是要跟父母吵架或是跟他對抗，是要你了解到底發

生什麼事──因為重點是要你真正地變成你想做的自己,而且他們也會喜歡,大家都開心才是重點。

當你真正做自己,父母一定會喜歡,可是你離目標的差距還很遠。所以,你只好一直進步,也許他還是會一直罵,但只要你有進步,總有一天他會看到,你會輕鬆起來,也會真正了解發生了什麼事。

但是,有些情況是若對方都沒在進步,不管怎樣做他也都不會滿意,因為他會執意認定是你不好。

以夫妻來說,當先生進步了,他就會比較滿意他太太,即使太太沒進步。當太太進步了,太太就會比較滿意她自己,比較不會去抱怨先生;所以大家一起進步是很重要的事,你只要自己進步,就比較能夠去包容別人、了解別人,比較不會覺得是別人有問題或處處看不順眼。只要你更有自信,跟別人的衝突自然會減少。

當你真正學會撒嬌的時候,你就不會覺得別人很嚴肅──在我的世界裏面,沒有任何一個人是嚴肅的;在我的世界裏面,每一個人都很可愛,很有趣,很特別,獨一無二。

你也可以變成這樣,這就是真正的功力。

撒嬌的品味

Q：撒嬌有沒有品味之分？

A：撒嬌當然有品味的高低分別，就跟學問一樣——其實，做任何事都有品味之分。

你認為飯店有沒有格調的高低？所謂的絲綢布料，有沒有品質的差別？歌曲、音樂、藝術有沒有品味之分？當然都有囉！粗人說粗話，就算是鬼，也有鬼的撒嬌方式，豬有豬的可愛，鳥有鳥的可愛，各有各的品味，各有不同的情況；撒嬌也一樣有品味的差異啦！

然而，撒嬌最後能不能成功，不是比誰撒嬌的品味高，而是你有沒有跟對方的品味對到焦。

當你要判斷要用什麼樣的品味，去對某個人撒嬌，其實並沒有那麼難了解。撒嬌的品味跟對方的氣質、水準、教育這些，都是息息相關的。

就像他喜歡的收藏品有特別的品味，他用的手機也有不同的品味，他從事的工作、喜歡的運動，穿的衣服、鞋子都有不一樣的品味，講話有不一樣的風趣，那麼撒嬌就有不一樣的風味，這就是撒嬌的品味該注意的地方。

你可以保持自己的品味，但要了解這個事實：若品味不同，很有可能「話不投機半句多」；若品味不對焦，彼此較難以互相欣賞。

附錄
關於撒嬌的Q&A

Q1 對著鏡子自己練撒嬌，那我怎麼知道我的表情是OK的？

A： 第一個，你舒服。你要覺得很舒服，I like it, I just like it!

你要喜歡你自己，而不是一直在想「你（撒嬌的對象）喜不喜歡我？」他喜不喜歡你的可愛，不重要；你要先覺得自己很可愛呀！

以我來說，我很可愛呀──重點是我覺得我很可愛呀！你可不可愛，I don't know，可是我很可愛，那我為什麼很可愛？因為我覺得啊！所以，你先要練成你很喜歡自己。這就是可愛的人的自信。

為什麼可愛的人會敢這樣表現？因為他喜歡他自己呈現出這樣的樣子，這就是練習撒嬌的基本重點。

那如果一開始撒嬌的時候，做得不好，很三八，那後面還可以補嗎？

A：不必擔心這種事。你就繼續三八啊！你一直很三八，另一半也覺得你很三八。可是有一天，他忽然覺得：唉呦？你這樣還滿可愛的嘛～！

從那次開始，你就扭轉了你在他心目中的印象，你就變得很可愛。千萬不要放棄，一直做，到最後他就會真的覺得你很可愛——一定會！只是你絕不能放棄，要是放棄了，你就只能停留在他覺得「這傢伙真三八」的印象裡，永遠也翻不了身了。

要有信心，先喜歡自己，然後努力去做；最後水準一定會提升，方向一定會對焦。

Q3 不同的人有不同的撒嬌方式嗎？

A：不同類型的人，適合的撒嬌方式自然是不一樣，對應不同的情況、不同的人，運用的方式也是不一樣的。每個人的體態、聲音、姿勢都不一樣，因此也會創造出不同的撒嬌效果，因人而異，也各有所長。

譬如說，這個人是屬於好動的，那他有屬於他的那一套比較好動的撒嬌方式。

換一個人，他是文人，可能他的撒嬌是比較偏向詩情畫意的表達方式。

再來一種人，他是愛喝酒的，他表現出自己可愛的方式，和一般人一定是不一樣的，可能是打醉拳，或是帶一點酒味的，那是屬於他的個人風格。

有些女孩子是屬於小家碧玉型的，比較容易害羞，像鄉下型的村姑。也有人是火辣型的，或是風塵女郎型的，當然都不一樣。

男生也一樣。有的人是書生型的，有的人是事業型的，有的人是俠客型的，有人是走運動風的。他表現的方式跟語言、調調當然就不同。

當你在面對所謂的不解風情，或是吃硬不吃軟，好像撒嬌沒什麼用，該怎麼辦？我告訴你，天下沒有這種事！撒嬌怎麼會沒有用？撒嬌一定有用，只是看你怎麼用，還有持續的力道！

不解風情的人，才特別需要人家對他撒嬌。他也很欣賞人家撒嬌，只是你的撒嬌ㄋㄞ不動他，那是因為你的功力不夠，或是他的表情僵硬了，持續撒嬌，總會有軟化的一天，不必太在意！

解決的辦法只有兩個，盡量練習，盡量去了解，這就是所有的秘訣；光是「了解」這件事，要花很多很多的功夫跟時間。

撒嬌要到位，你就必須要真正的去了解如何和不同人做不同的應對，你必須要知道人的表情，你必須要知道人的身體、肢體語言，知道這個人的感覺，你要曉得說話軟硬的程度、要曉得輕鬆愉快、內心感受、面部表情，這些都有相關。

男人是否也需要撒嬌？

A：當然！有很多男人非常會撒嬌，因為女人也吃這一套。

男人會撒嬌，其實是非常有意思的，女人不但吃這一套，而且女人非常非常的欣賞，喜歡到心坎裡去了。男人也是有討人厭的跟可愛的，女人當然是喜歡可愛的男人。小男生會撒嬌很有用，大男人會撒嬌更有用！老男人會撒嬌，更是帥啊！所以就算是男人，當然也要會撒嬌，也應該學會如何撒嬌。

男人本來就會撒嬌，而且男人很喜歡撒嬌。最能夠證明這件事情的人，就是我的老公──他非常非常會撒嬌，每次在我還沒開始撒嬌之前，他已經先開始撒嬌了，有時候我撒嬌還輸他，比他慢、比他少，沒那麼的自在、愉快跟自然，所以這也是他獨到的功力，還真是人外有人啊！

每一個人的功力都是練來的。男人的撒嬌跟女人的撒嬌沒有差別，完全一樣，只是男人有男人的型，女人有女人的味道，畢竟男人不能夠太娘，女人不能夠像男人這麼剛強，或是男人味太重──偶爾女人故意耍男人婆一下也蠻可愛的，男人有時候扮女人嗲一下也是蠻討喜的，但不會是常態，這樣就會變成過火，讓人反感。

　　其實，在性別上偶爾交換角色的那種味道，也蠻性感、蠻有趣的。只是男人畢竟是男人，女人畢竟是女人，穿著、打扮、聲音都有不一樣的條件，不一樣的特質。彼此之間，大家都一樣可以撒嬌，沒有什麼特別的差別，撒嬌都一樣可以受歡迎，讓人家喜歡。

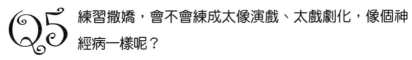

Q5 練習撒嬌，會不會練成太像演戲、太戲劇化，像個神經病一樣呢？

A：那不一樣。因為太像演戲、太戲劇化是不自然的，神經病是完全沒有辦法控制的，但撒嬌練習所有的動作，都是要很自然，而且是受到控制的，你自己欣賞、喜歡的。

會像神經病，是因為你沒有練好──走火入魔了。你還是可以一直練，練到你變成很會撒嬌。你不能因為怕變的跟神經病一樣就不練，只要繼續練習，一定會變得越來越可愛，而且還會迷上撒嬌；但絕對不會變成神經病，不必擔心。

譬如說，妳遠遠的看到一個男生，沒有辦法跟他親近講話，那就得要靠表情，做動作，讓他了解妳要傳達的意圖，讓他get the point。如果不會表達，就會錯失機會；表達得不夠好，就會讓人會錯意。

所以，你要常常練，要練這些平常不熟悉的動作跟表情，要學會肢體語言呈現給對方的一種微妙感覺。就算距離很遠，你還是可以這樣做動作，那個人看到了就會知道你是什麼意思，然後他就告訴你：I got it.

Q6 如果跟對方不夠熟，可以撒嬌嗎？

A：馬上撒嬌，效果非常好，給人第一印象很活潑，他會認為你很可愛。這樣會贏得別人對你的喜歡，機會就會不同，命運更是大不相同，男生、女生都一樣。

　　像我老公，一天到晚都會對陌生人撒嬌；他不需要認識你，他就是這麼可愛。你對陌生人撒嬌，會有什麼問題？他的感覺會怎樣？很可愛，很親切，對不對？跟迎面而來的教授撒嬌，總統來也跟他撒嬌，有什麼關係？

　　會問這個問題，表示你有「不能撒嬌」的顧慮。如果你碰到一個陌生人對你撒嬌，你有什麼感覺？你有沒有碰過？你想像一個你不認識的小孩子跑過來跟你撒嬌，你會很難受嗎？你會生氣嗎？

　　小孩子過來跟你撒嬌，你需要認識他嗎？

　　你不是不會撒嬌，你的問題是不能面對。

　　如果你遇到警察要開罰單，你跟他撒嬌，他可能就不開罰單了。

　　你怕給對方什麼不好的印象，所以你不想撒嬌。那換個角度來說，小孩子會不會擔心給你不好的印象，所以他會顧慮著：「嗯，對這個人撒嬌不好。」他撒嬌前會這樣想嗎？No！小孩

子就是跑來找你玩，很自然的撒嬌，別無所求。他撒嬌完了就走了，非常活潑可愛，你也會心一笑。

要把撒嬌的對象想成小孩子。小孩子走過來了，你會覺得可愛嗎？相信會吧。那個妹妹對著你笑，你就跟她笑。那大人為什麼不能這樣？書讀太多，顧慮太多，所以障礙太多。不必拿石頭砸自己的腳，好好享受人生吧！

做愛的時候怎麼撒嬌？

A：做愛的時候沒辦法撒嬌——因為撒嬌時沒辦法做愛，做愛沒辦法撒嬌。

你可以平常經常藉由撒嬌，製造想要做愛的情緒，但是，如果用撒嬌來做愛是沒辦法的。因為做愛是性感，不是可愛，這就是不對焦。

你想——撒嬌時嘻嘻哈哈的，這樣怎麼做愛？做愛跟撒嬌的歸類是不同類的。做愛需要的是如何性感、如何浪漫，那都是另外一門課題。撒嬌沒辦法用在做愛，因為做愛是一件很激烈、很猛爆、能量很強的事，如果你要用撒嬌的方式去做愛，沒有人能高潮——那就是不對焦。

所以，我要告訴你，平常就要撒嬌，不是要做愛的時候才撒嬌。如果做愛時才開始撒嬌，兩個人都做不成。

 Q8 怎樣對很嚴肅的人，也能適度的撒嬌？

A：當遇到很嚴肅的人，誰會比較嚴肅？除非是你很嚴肅，否則永遠沒有辦法阻止你撒嬌。如果你撒嬌的功力好，對方就嚴肅不起來。對方很嚴肅，你還是可以撒嬌，至少可以化解場面的肅殺之氣。

　　你的撒嬌要很有彈性，要知道此時此刻這個人的反應是怎樣，那個人又是怎樣，你自己又該怎樣表達。可以撒嬌的時候就撒嬌，不可以的時候就不要啊！重點是你自己不會覺得很難受，配合對方可以接受的程度，效果才會恰到好處。

　　你看到那種很嚴肅的人，你就跟他一起很嚴肅，然後抓準時機偷偷撒嬌一下，他會滿高興的。或許臉上不會表現很開心，但內心裡會有小小的、會心的微笑。

　　不是矇著眼睛一直撒嬌一直撒嬌——他就已經很討厭你撒嬌了，你還不識相，他就會給你一巴掌。你甚至還跟他說：「我的人生態度，就是這樣！」他更氣！因為你講這句話好像在罵他。

　　你就跟他一起嚴肅，等到有機可趁的時候，掌握機會ㄋㄞ一下，然後又回到很嚴肅的樣子。他就會想：「嗯，這傢伙還滿調皮的！不過，還滿可愛的。」

　　撒嬌不是一定要這樣或一定要那樣，這沒有標準答案的。但是，你永遠不放棄要撒嬌的精神！總有一天，那個很嚴肅的人就會喜歡你。更有意思的是突然有一天，他會心血來潮地跑來對你撒嬌，你才會傻眼呢！

　　只要你撒嬌的切入點很正確，那個嚴肅的氣氛，會被你四兩撥千斤給化解掉；那位表情很嚴肅的人呢，他在心裏也會偷笑，即使他的擺出一副撲克臉的樣子；沒辦法，因為撒嬌的撞擊力道「碰！」的一聲，就是撞到他的心坎裡。這就是撒嬌的威力，無法抵擋。

　　為什麼撒嬌的時候一定要專注、要把所有精神凝結為一點，就像濃度達到100%的果汁？因為你要撞擊的，不是他的眼睛或他的表情，你要撞的，是他的心。

　　當撒嬌的力量發揮到某個境界的時候，在場的每個人都會覺得：「哇～好可愛喔！」他可能會講，或是沒講出來，但是心裏面都會「哇！哇！哇！」的震撼。那種感覺就叫可愛！並不只是：「嗯，看起來不錯啊，還滿好看的。」不只是那樣的程度，不是只有好看，也不是只有聲音聽起來還滿好聽的，No！

　　撒嬌這種東西，重點在觸動人「心」。

　　一看到可愛的事物，每個人都會有「哇～！」的這種感覺。就算很嚴肅的人，他的心裡還是會喊一聲：「哇～！」，因為撒嬌

直接到位，撞擊到心坎，砰一聲炸開來。如果你夠可愛，他是絕對擋不住的。

　　為什麼撒嬌這招很厲害？因為對方沒辦法擋下來，迅雷不及掩耳——他有辦法把眼睛、耳朵摀住，或是不要讓你接近他嗎？沒辦法。撒嬌厲害的人，連過個街都可以很可愛，讓路上行人跟開車的人都目不轉睛，擋都擋不住！

像去外面簡報或是上台演講，每一個評審或在場的人看起來都好恐怖喔，怎麼撒嬌啊？

A：「各位來賓，你們看起來都好嚴肅喔～我好緊張！我要開始簡報了，在這麼嚴肅的氣氛之下，請大家儘量讓我能夠輕鬆，我想用輕鬆一點的方法跟大家介紹。我開始講了喔！我的idea就是……」

這樣就會很可愛。雖然評審或來賓很嚴肅，不過你還是可以很可愛。重點在你自己輕鬆自如，大方表現自己的撒嬌。

「ㄟ～那我的idea……」，不用怕講錯、被人笑，就繼續講，對方不會怎樣。他的表情可能很嚴肅，可是心裏會想：「不錯嘛，加個分數，這孩子真的很可愛。」但是他不會在表情裏面回應你，因為他沒那個心情，或是要擺出一副包青天的臉，以示自己的「鐵面無私」，但一切結果會表現在成績裡，或是他的印象中。

可是，你就是你呀！你就是可愛——可愛不犯法吧。

這就叫做：做自己。不管對方多麼嚴肅、多麼可怕，我仍然是很可愛，照樣撒嬌，酷吧！

Q10 如果在討論正事，故意把場面搞得很可愛，這樣子不是很奇怪？

A：問這個問題的人，會有一個共同點：平常就太嚴肅了，所以沒辦法可愛，一直會有要「正經一點」的想法。提出這個問題，一方面是想要為自己嚴肅的態度辯解，一方面則是想要強調自己很難可愛，覺得太不容易、太不可思議了。

其實答案很簡單。你很難可愛，很不喜歡撒嬌，而且會一直覺得是別人不喜歡你撒嬌，所以你就會說：因為正式場合應該正經一點，所以不應該撒嬌──No！那是因為你不會，你無法面對，也表達不出來。

其實，你只要會了，你就做得到；如果你練會了，人家一定擋不住你，不管怎樣你都是可以很可愛！你要是跟我開過會就知道，有時候開會很嚴肅，因為我在罵人，但是我老公走進來，他還是一副可愛不怕人罵的樣子──他哪會管你多嚴肅？我在罵人罵到狗血噴頭，他在那邊學青蛙呱呱呱，故意讓我很難看，似乎在告訴我說：「看，又在罵人了！」，「You，呱呱呱&喔喔喔……」，他就這樣一直呱呱呱，就很好笑，我就罵不下去了。

你該學的，我已經教你了，再來的就是練習。因為該知道的東西你已經知道了，可是你要敢，要敢就要練。

Q11 撒嬌會不會嫌太多？

A： No, never，從來不會太多，非常舒服。

當然，講正經話時當然不會撒嬌，因為在講正經話；但是講完了就撒一下嬌，很完美的ending，是不是？要開始講之前，先撒一下嬌才開始講，心情也比較好。

我也是經常在撒嬌，在員工面前、朋友之間、我跟我爸媽等等，常常都在撒嬌。像我就常會叫我爸爸親我，我會抱他，大聲說：「I love you！」，他就會說：「I love you, too！」他都會回應我。我叫他親我，他就會親我；就是你對他撒嬌，他就會回應你。從小時候開始撒嬌到現在，我爸都八十歲了，還是非常有效。

為什麼有人說有些阿伯、阿公還是很好色，因為他還是很喜歡人家向他撒嬌，即使他八、九十歲了；像我們看什麼電影明星，都八、九十歲了，卻有十七、八歲的模特兒成群圍在他身邊拼命撒嬌──舒服啊，有什麼不好？正常啊。就像我只要多活著一天，就多一天喜歡吃冰淇淋、一樣對撒嬌不厭倦，應該永遠是這樣的。

Q12 有人認為，撒嬌是一種另有他圖的行為；如果撒嬌是為了要跟人家要東西，那就不好吧？

A：對，「有所圖」的撒嬌就是一種手段。

撒嬌的目的就是開心，它是一種技術，也是一種藝術。但是如果要把撒嬌變成一種手段，你就要開始考慮，開始計算，因為你知道這樣會贏。

就像有的小孩說：「叔叔～買冰淇淋～」他是故意撒嬌的，可能他知道你會喜歡，並不是真正地要。可是，當他有所圖的時候，他可以笑得很甜——也許他的心裡是覺得很「幹」的；但他就是可以做出來。你看著他的臉，所有人都會被他買通。這就完全是「手段式」的撒嬌，這叫靠技巧。

一直運用這種「手段式」的撒嬌，到最後那種可愛的撒嬌能力就會喪失。隨著歲月的流逝，你等著看，他長大之後，他的臉就再也沒有小時候那種可愛的味道了，夜路走多了，他會漸漸喪失了原本的純真。

要補救回來，就要靠自己的品格是否導回正軌。

提到「有所圖」，那也要看圖的是什麼。如果你圖的就是快

樂,如果你要這樣講,就是對的,這是撒嬌的目的;可是如果你說撒嬌另有所圖,像是設計陷害別人或是刻意跟別人討錢、討好處,這就不是原本應該有的正軌,當然就會出問題。

如果你說,撒嬌是一定要得到什麼——沒有。什麼都沒有要得到,就只是爽而已。我撒嬌,只是想讓你爽,或是想讓我自己爽,純粹為了開心罷了。

但是,那種想要自己爽的撒嬌,經常會比較噁心,咿咿喔喔的;人家不曉得你要幹嘛,對方可能陪你開心,給你一個舞台;但是一般以情人來說,如果兩個人是相愛的,只要看你很爽,對方自然也會很爽。你必須了解這個情況的不同。

若是因為怕被誤認為另有目的就不敢撒嬌,就是怕萬一「我撒嬌,你就以為我有什麼目的」,這樣是不是很辛苦?

你本來沒有目的,只是想要跟他撒嬌。可是你一撒嬌,他就說:「好啦好啦,你的合約我幫你簽了啦!」或是說:「好好好,你的貨我就算你便宜點,每公斤少五塊錢,可以吧?」之類的。

其實,這樣的結果沒什麼不對。因為撒嬌,對方對你的感覺會變;或是因為撒嬌,人家就多給你一把蔥,多一瓢腰果。這本來就是撒嬌會帶來的好處,沒什麼不對,也不是刻意去圖什麼好處,就是開心嘛!老闆多給一點是他心甘情願的,重點是他開

心，他自己決定要這麼做的。

這是人與人之間善意的回應，是天經地義的事，沒什麼不對，人本來就是有感情的。

但是，如果是不品格的意圖，或是你心裡想說，對方以為你的撒嬌有目的──尤其是男女之間，他以為妳有意思，他把便宜給了妳，他也想跟妳上床──那妳就會害怕了，所以就不敢撒嬌，免得萬一佔到便宜了，是因為撒嬌而得來的，那妳就會覺得自己很賤；因為是靠美色，而不是靠本事，妳就開始覺得自己不應該這樣去撒嬌。

另外一個情況是，當妳在跟對方撒嬌的時候，他把妳的撒嬌動作，聯想成妳對他有意思──「如果我給妳這個好處，等一下請妳吃飯，妳就不敢拒絕。」

這下就慘了，這個撒嬌之後要怎麼收尾？

妳拿了人家的貨，之後人家打電話來說：「小姐，請妳吃個飯吧！」，妳說不要，人家就說：「哇靠！妳佔了這麼多便宜，現在不肯跟我吃飯，是怎樣？」

很會撒嬌的人經常會遇到這種問題，要是處理不當，常常搞到最後就會變成不敢撒嬌。其實真的沒必要這樣，當妳腦筋清楚就會知道：擺明自己的立場，講清楚就好了，不會怎樣的。

Q13

撒嬌是希望對方很舒服，那如果做到讓人家很尷尬，那這樣子是不是沒有達到撒嬌的目的？

A：要看對方的尷尬是哪一種情況。如果他的尷尬是很高興的，像是妳跟公公牽手，他很不好意思，可是，他心裡是很開心的。如果妳把對方鬥開心了，到了撒嬌的最高境界，不管要求什麼，他都會點頭給妳。

像這種尷尬的情況，就是一種甜在心裏口難開。譬如說，妳公公是比較木訥的一個人，然後你跟他撒嬌，他雖然不太有反應，但是他心裏很開心，那種感覺是看得出來的。

過個馬路，妳牽他一下：「來，我牽你！」

一開始，他也許會很不好意思地說：「免啦，免啦！」其實他心裏多高興啊！他很高興，但是講不太出來，雖然後來手放掉了，他還是會高興在心裏。

當他拒絕妳的時候，妳說：「沒關係啦，我牽你一下啦！」

你可以觀察對方，如果他呈現出來的樣子有點像走錯路或喝醉了一樣，你就知道他是很高興的。

這就是撒嬌上很重要的一個關鍵——你要敢。但你同時也要有分寸，也要能夠觀察對方的反應。

對於平常身體上的接觸，我不鼓勵對陌生人用這招，可是跟親

人、家人就可以，尤其是對長輩，你對他撒嬌一下，他心裡不知道有多高興！不管你媽幾歲，兒子牽一下，她有多高興；兒子親一下，多開心啊！她就在等你對他做這個動作，懂嗎？所以你不必吝嗇，盡量對你爸媽撒嬌。

對父母親，你就可以做身體接觸的動作，你爸媽一定永遠都會開心。沒有那一種媽媽抱一下，她會很不高興的，你就去對媽媽抱一下、親一下，公公婆婆也是一樣，去牽他一下，他就會甜在心裡很久很久。

我們台灣人是很少有「親一下」的那種習慣，所以，那也是看你們家裏的習慣，也是看你的個性。像我從來沒有看過我姐姐親我爸爸，可是我每次都會跟我爸爸說：「爸爸，親一下！」我爸爸就會親我啊。

我從小就會主動叫他親我，那你也要敢這樣子，才會有機會啊。如果你都沒試過，怎麼知道你爸爸不會親你呢？因為你從來沒問過啊！可是你應該這樣做，因為他會很高興。

如果對方不喜歡、無法面對又不舒服，你光靠「敢」是沒有用的，因為他無福消受，那你也不必強人所難。你必須換個方式，或改變撒嬌的力道，換成讓他可以接受的程度，才不會適得其反。不管怎樣，撒嬌搞到讓對方難受就是不對的，因為撒嬌的本意並非如此。

Q14 跟自己的父母撒嬌是比較放得開，可是跟自己的公婆，尤其是公公，婆婆的話就比較不敢……

A：慢慢來。有些時候，你幫他穿個鞋子、綁個鞋帶、幫他脫個外套，他就會很高興，甚至送他一件衣服，幫他穿起來，請他繞一圈看一下，他會很開心。這個要習慣成自然，因為你很生疏，他也不習慣，但多做多練，久了彼此就會開心。

　　這種動作很簡單，可是你就是沒有做。所以，對長輩、親人，我會鼓勵你多一點身體接觸的親密動作——尤其是女人對女人，更是簡單又有效的方式！妳對媽媽或對婆婆，牽牽她、抱抱她，她都會很喜歡。

　　理由很簡單，因為得不到，講明白一點，因為很少人對她這樣；她等了又等，等好久了，那你對她撒嬌一下，她就會特別高興。尤其是兒子，兒子對岳母或是對爸爸媽媽撒嬌，他們都會很高興，何樂不為？助人為快樂之本，更何況這是天下最甜蜜的一招，老少皆宜！

後記
讓撒嬌為你帶來幸福

如何撒嬌

讓生命更精彩的秘密

談到撒嬌這個話題，很容易刺激到很多不撒嬌的人。

很多美女從來不撒嬌，就算她們都成了別人的老婆；還是贏不了其他的女人，有的情婦就算長得不漂亮，但她很會撒嬌，男人就會動心，這就變成外遇的問題，也是女人之間的一場戰爭。

很多大老婆都很漂亮，學歷也很好，但婚姻就是不幸福，這到底發生了什麼事？因為娶的時候名正言順、門當戶對，美麗又得體，一切條件都很好。但就是因為老婆不會撒嬌，每天日子過得了無新意，加上生活上的問題與壓力，久而久之就活絡不起來，男人覺得看膩了老婆整天的臭臉，很倒胃口，日子過得很悶。

然而，外面的女人就算長得醜一些，但她會撒嬌，聊天比較有趣，就算醜也醜的可愛──這就是為什麼太太條件很好，卻贏不了這場戰爭的原因！因為仗著自己條件好、長得漂亮就不撒嬌，那乾脆當標本，封起來觀賞就好了。

男人就是喜歡女人可愛，這並沒有錯，會撒嬌的女人就是比較吃香。或許妳的臉蛋長得怎樣，可以怎麼補強，最多還是只能努力補到某個程度；但撒嬌的功力是能一直突破的，可以越來越好、越來越棒的。

婚姻出狀況的例子，有很多的情況是太太真的不可愛──因為她不愛撒嬌，可是她明正言順地當了元配，因為她幫老公生了小孩，她很乖、很會照顧老人家、很會做事，舉手投足是很得體

226

的;帶她出去不會丟老公的臉,條件非常的優秀。

不過,就算上得了廳堂,下得了廚房,對於男人所需要的,還是只滿足了一半。另一半是什麼?他娶老婆還是需要妳調劑一下,娛樂一下,他希望跟老婆的溝通是沒有壓力的,是舒服愉快的。

如果沒有撒嬌,沒有娛樂,老婆只會正經八百地做事,對他而言,好像是跟一台美女機器人生活在一起,不夠有趣也不夠滿足。

所以,這也是很多男人難以啟齒的「隱私」。他沒辦法講出口,因為男人喜歡會撒嬌的女人。如果他的老婆是一板一眼的,那他看到老婆會很害怕,但為了尊重及不傷害對方,他不敢主動要求;要是說出來了老婆做不到,也很為難。

「唉,老婆是非常規矩的,不能對她亂開玩笑……」這樣,就影響到性生活,影響到夫妻之間的甜蜜,影響到婚姻的品質,因為老婆都正經八百。男人就會覺得老婆很沒有意思,因為不會打情罵俏,不好玩也不可愛,日子很死板,那就會給他一個藉口去發生婚外情的問題——因為老婆太正經了、太不性感、太不有趣……總結來說,就是太不會撒嬌了。

就算老公規規矩矩,不做逾矩的事,也不代表他心中非常開心,很滿意這個一點都不可愛的老婆。他只是強忍了下來,把它當成一輩子的遺憾。

我非常喜歡撒嬌。我先生說：「很多女孩子可愛，但不漂亮；也有的女孩子很漂亮，卻不可愛。我老婆則是又漂亮又可愛。」也就是說，你有漂亮的時候，也要有可愛的時候，而且你平常就應該要很可愛，不是要你裝可愛你才會可愛。你要練習成為一個可愛、會撒嬌的人，人見人愛。

撒嬌需要練習，只要肯用心練習，就一定會有進步。然而，你不要期待你所有的表情馬上都會很自然，不是那麼簡單！就是一直練下去，不要停止，不要放棄。

「天下沒有白吃的午餐」，不要以為明星天生就長得這樣可愛──人家背後的練習有多少？看那些諧星，你以為他天生就很好笑？你可知道他練了多久，才會讓每個好笑的感覺都能這麼到位？

所以，要好笑，要靠練；要撒嬌，也是靠練。

就像卡通影片為什麼好笑？因為裡面所有的線條、表情、動作跟橋段，都是經過特別設計的。你不要以為你天生就可愛──當你還是孩子時是有可能，但長大不努力撒嬌，是不可能可愛的！沒練，你撒嬌起來當然很尷尬。

你要練，經常保持一直練，好像在做仰臥起坐一樣，用各式各樣的方法練，這樣就會有好身段、好體力。

後記 讓撒嬌為你帶來幸福

撒嬌會讓對方的情緒變好，這是非常偉大的一件事！如果你可以讓一個人的情緒變好，覺得很開心，覺得活著有希望，覺得人生很有樂趣，跟你在一起充滿著快樂的感覺，那就是最有意義的事。

撒嬌撒得好，甚至會帶來好運。因為一個人的好運，跟你的感覺息息相關——如果你很開心，你很舒服，當然就會帶來非常多的好運。這是非常偉大的一項能力，只是一般人都忽略了它。

快樂的人有一個基本條件——他的情緒度保持在很高昂的狀態，這樣的人不幸福都難。撒嬌可以帶來幸福，就是因為簡單的一句話或一個動作，就能讓人保持情緒高昂，全身充滿活力。

你要不斷的練，拼命的做，很用心的去提升對方的情緒，而且你要相信撒嬌是有用的，了解撒嬌的內容必須是對方喜歡的，然後不斷地去應用它，同時提升自己的品味跟水準，去了解不一樣的各種人，不管是男生、女生、大人或小孩，就是練習到能完全掌握。

把撒嬌變成自己生活裡的一部份，絕對會帶來無限的幸福及很多的快樂，也讓你自己很討喜，讓人際關係變得很好，人家也會非常的喜歡你。

我們從小可以看到那些會撒嬌、比較可愛的小孩，人緣就會比較好，人家就是喜歡他，這樣的印象就會給他帶來很多別人享受

不到的幸福。不管走到哪裡,幾乎都吃香喝辣,得到好處的機會也比別人多,人家會不斷地給你很多的好機會——因為他給別人的感覺很舒服,給了對方很多的快樂,大家都會想要跟可愛的小孩玩,多逗他一下。

從小喜歡撒嬌、會撒嬌的人,他的命運跟人際關係就會相當相當的不同。一般人長大之後,對於撒嬌的這種感覺就漸漸不見了,非常地可惜。如果你可以一直保持這樣的童真,不管是哪一個年齡,如果保有撒嬌的能力,給人的感覺會是很可愛的,他們也會給身邊的人帶來很多的幸福與快樂。

就算是阿嬤、阿公他們,他的子孫成群,鄰居們都會喜歡跟他在一起,他會來逗你,跟你開玩笑或是送東西給你吃,光是吃別人的都吃喝不盡,這些就是會撒嬌的人能帶來的一些福氣。

當你身邊的人都喜歡圍繞著你,你就比較不寂寞;你需要人家幫忙時,就會比較有機會得到更多的支援。

所以,撒嬌的能力當然能為自己帶來更多的幸福,這一點非常重要。

跟人撒嬌是送給人最好的禮物,讓人快樂,因為你給予的撒嬌是一種貢獻及最好的溝通,也是對人最好的幫助。生活中藉著撒嬌的氣息,帶給自己及別人開心歡笑,是一種生活的美感及藝術,美化自己的環境,利人又利己。

千萬別小看撒嬌帶給你生活的影響力。

撒嬌，能讓溝通更圓融。

撒嬌，增添愛情的甜蜜。

撒嬌讓人親近你，喜歡跟你在一起。

跟父母撒嬌，讓孩子的生存價值更高。

跟孩子撒嬌，讓親子之間互動更緊密。

撒嬌的世界讓生活滿足，開心快樂。

撒嬌猶如夜空中的煙火，讓人驚嘆，讓人歡喜，讓人想再多看一眼。

撒嬌是你身邊親近的人想你時，最美麗的畫面。

撒嬌真好，撒嬌就是迷人！

最後，我衷心地祝福你能成為一位撒嬌高手。願你的生活充滿歡樂笑聲，甜蜜及快樂，心花朵朵開，永遠地健康、幸福。

創意書籍1
總裁說

這是一個什麼樣的團體？為什麼充斥著三教九流的「流氓」，路上撿來的「破銅爛鐵」，最後是矢志守護彼此「情同手足」，而且以服務為人生目的？

這是一個怎麼不一樣的總裁，讓員工每天不停的說謝謝？這是一個怎麼不像總裁的總裁，讓員工說她是「媽中媽、娘中娘」？

想看見真正「待員工如家人」的老闆，想知道世界上真的有人不折不扣的做到，千萬不要錯過這本書——你會看見世界上真的有奇蹟。

創意書籍2
世紀大媒婆

情深似海的世紀大媒婆，將告訴你（妳）——為什麼你不想結婚？為什麼結婚之後，可以開始真正自由？為什麼婚姻不好，人生不會真正好？為什麼戀愛是結婚以後的事？

作者陳海倫女士，多年來促成對對幸福佳偶的豐富經驗，讓她成為「作媒」這門藝術的專家，並且有一套獨特的婚姻哲學、以及經營美滿婚姻的方法。許多朋友殷殷垂詢，現在陳海倫女士終於完成這本書，讓更多對這個人生重要課題，有探索需求的朋友，可以更立即得到回覆。

創意書籍3
從友達到心橋

一位身價千萬的友達工程師，從惶恐的社會新鮮人，一路踏進當今最夯（ㄏㄤ：流行，熱門的意思）的產業，一步步看到這個領域的生態、工程師的特性、高科技生活的真實意義；最後驚覺人生方向，已無法與工作結合。

目前的工作所形成的生活型態，你滿意嗎？你有沒有忠於自己，去從事一個喜歡的工作？你有沒有想過在三、四十年之後，你的人生會是什麼樣？

如果你一直找不到一個可以安身立命的地方，歡迎你來翻翻這本書，相信你最後也會找到屬於你自己的答案。

創意書籍4
我的爸爸陳宗顯

妙不可言的陳宗顯，在岳父眼中是讓人傷透腦筋的懶惰鬼，和妻子春江宛如頑童與訓導主任的關係，在小女兒的眼中，卻是天下最帥氣、最完美的父親。

在小女兒的眼中，她看到了什麼？碰觸到了什麼？兩個獨立的生命，在不滅的心靈淨土互相交會，了解彼此，譜出綿綿細長的人間之愛。

想知道什麼是「愛」，請你不可錯過這本書。

創意書籍5
陳顧問時間

「顧問」這份工作就像叩鐘。對方敲下去的力量有多重，回應的聲響就會有多大；所以，很多問題的答案要看問問題的人怎麼問。

在這本書裡，作者陳顧問將曾經被回答過的部分問題，蒐集被諮詢者的一些資料讓大家參考。你會發現不同的人問一樣的問題，可能會得到不一樣的解答，重點是在於每一個人都有他的空間，並找到屬於他自己的答案。

人生有很多問題不是數學題，不是套公式、計算 物線一樣，用同一個公式就能把答案套出來，這一點是作者要特別強調的。

創意書籍6
新娘訓練班

「新娘訓練班」是塑造一個婚禮女主角的過程解說。書裡節錄了十四位新娘的故是，把塑造過程分析、展現出來，給觀眾了解每位新娘演這部戲的過程，在結婚之前是經過怎樣的努力、如何的訓練，造就之後她在婚姻上的成績。

過程自然因人而異，每個人有每個人的特色，每一個新娘都有她自己的 心酸血淚，書裡都會把它記錄下來。

「新娘訓練班」的存在，讓單身者至少對於「嫁娶」有了方向，也增加許多信心，不會完完全全地那麼絕望，連想學都沒地方學。

創意書籍7
媒情舞台

媒情，主要的意思是指作媒的這份感情，也是指作者對於作媒的這份感情非常深厚。至於舞台，是因為作媒所創造出來的一個平台，不管是空間上、平面上、心靈上或實際人生的領域，當這個舞台創造出來之後，就會有很多的男女主角出現。

媒情舞台要讓許多想走進婚姻的這些男男女女，不管是單身的、離過婚的、有戀愛經驗或沒戀愛經驗的這些人，經過這個舞台，第一次或是再一次跨進婚姻這道門檻裏面，得到幸福。

創意書籍8
陳顧問時間2

當你閱讀這本書之後，你會發現自己本來就有很多的問題。然而，在進步之後，又會發現更多的問題，因為這些問題你以前沒看到。

「那我如果變得比較厲害一點，我一定就沒問題了。」錯！當你更有能力的時候，你的問題就更大。就譬如說，當你有能力可以飛到月球的時候，你就會想飛到火星，你就會想下一步，那問題就更大。

人生的重點，不在於你沒問題。解決大問題，獲得大幸福；解決小問題，獲得小幸福；沒問題的人，也不會有幸福。

創意書籍9
我是如何失敗的

擁有超過二十年企業管理經驗的陳顧問，事業成功，婚姻美滿。很難讓人想像，也曾經窮困潦倒到身無分文，甚至婚姻愛情亮起紅燈，偌大的公司卻無生意上門。這些經驗，她決定藉由新書「我是如何失敗的」，提供讀者作為借鏡，並以十年作為一個階段，告訴你：成功有它的條件，失敗更有它的原因。

有的人失敗一次，便一敗塗地，有的人卻越挫越勇，將危機化為轉機，成就下一次的成功。一樣的失敗，不一樣的人生。

「我是如何失敗的」要告訴你：失敗並不可怕，可怕在於你不知道你為何失敗。

創意書籍10
生活藝術家

這本書裡，有很多陳海倫顧問個人的看法與詮釋。身為一個生活藝術家，作者倡導每一個人去享受生活，鼓勵每一個人以藝術的態度跟眼光去看待人生。

在這個物慾橫流、經濟跟金錢掛帥的社會環境下，非常努力地鼓勵人們從各個層面上去感受生活，並且表達出每一個人生活上的感受，作者用各種所知道的層面來跟讀者分享，希望把生活藝術家的態度跟精神推廣出去，鼓勵大家享受生活，在生活裏面有更多的空間去進步成長，把生活變得更美麗，而不是一種水深火熱的痛苦，這也是身為一個生活藝術家的使命。

創意書籍11
等你一千個日子

這個「一千個日子」，只是代表性的字眼，是兩個人之間的真實故事；是作者陳海倫跟另外一個人之間產生的生命火花，是屬於她與本書裡二十二個人之間非常特別的等待日子。

這種等待的心情，雖然常常只是一廂情願、毫無條件的等待，最後往往卻有無以言喻的收穫，價值連城。在等待的日子裡發生過的感動，當中有許多說不盡的情感，有許多人與人之間的情誼；為了要讓這個美麗的過程留下來，所以，這本書就這樣出現了。

創意書籍12
如何撒嬌

人之於生活，就像是魚在水裡。有一種人，他明明在水裡，可是他不覺得自己在水裡，他跟這個世界彷彿是分隔開來的。當不能與生活融合的時候，人是不能感動的，你會覺得溝通是冰冷的，人與人之間親近不了。

人與人之間的相處，不是靠學歷或是金錢或是講道理才能親近，而是「舒服」兩個字，最好的方式，就是「撒嬌」。在這本書中，作者除了告訴你該如何撒嬌、撒嬌有什麼好處，也讓你知道你為何不敢撒嬌，徹底擊破你內心深處的那道防線，讓你恢復人際關係更圓融的能力。

國家圖書館出版品預行編目(CIP)資料

如何撒嬌：讓生命更精彩的秘密/ 陳海倫著. – 初版.
— 臺北市 ：創意, 2011. 07
(創意系列；12)
ISBN 978-986-87321-1-7 (平裝)
1.溝通技巧 2.人際關係

177.1   100014501

創意系列｜12

如何撒嬌

作者　　　｜陳海倫
責任編輯｜劉孝麒
美術編輯｜王尹玲

出版　　　｜創意出版社
發行人　　｜謝明勳
郵政信箱｜台北郵局第118-322號信箱
　　　　　　P.O. BOX 118-322 Taipei
　　　　　　Taipei City 10599 Taiwan(R.O.C)

電話　　　｜(02)8712-2800
傳真　　　｜(02)8712-2808
E-mail　　｜creativecreation@yahoo.com.tw
部落格　　｜first-creativecreation.blogspot.com
印刷　　　｜世和印製企業有限公司

定價　　　｜450元
　　　　　　2020年6月二刷

如何撒嬌

讀者回函卡

對我們的建議：

郵票請帖於此，
謝謝！

台北郵局第118-322號信箱
P.O. BOX 118-322 Taipei
Taipei City 10599 Taiwan(R.O.C)

創意出版社　收

封 口

如何撒嬌

讀者回函卡

謝謝您購買我們出版的書籍，請您抽空填寫這張讀者回函，並延虛線剪下、對摺黏好之後寄回，我們很重視您的寶貴意見，謝謝！

@基本資料

◎姓名：＿＿＿＿＿＿＿＿＿＿＿＿＿＿＿＿＿＿＿＿＿＿＿＿＿＿＿

◎性別：□男　□女

◎生日：西元 ＿＿＿＿＿＿ 年 ＿＿＿＿＿ 月 ＿＿＿＿＿日

◎地址：＿＿＿＿＿＿＿＿＿＿＿＿＿＿＿＿＿＿＿＿＿＿＿＿＿＿＿

◎電話：＿＿＿＿＿＿＿ E-mail：＿＿＿＿＿＿＿＿＿＿＿＿＿＿＿

◎學歷：□小學　　□國中　　□高中　　□大專　　□研究所（含以上）

◎職業：

□學生　　□軍公教　　□服務業　　□金融業　　□製造業

□資訊業　　□傳播業　　□農漁牧　　□自由業　　□家管

□其他＿＿＿＿＿＿＿＿＿＿＿＿＿＿＿＿＿＿＿＿＿＿

◎您從何種方式得知本書？

□書店　　□網路　　□報紙　　□雜誌　　□廣播　　□電視　　□親友推薦

□其他

◎您喜歡閱讀哪些類別的書籍？

□商業財經　　□自然科學　　□歷史　　　□法律　　□文學　　□休閒旅遊

□小說　　　□人物傳記　　□生活勵志　　□其他

◎您對本書的意見：

內容：□滿意　　□尚可　　□應改進

編排：□滿意　　□尚可　　□應改進

文字：□滿意　　□尚可　　□應改進

封面：□滿意　　□尚可　　□應改進

印刷：□滿意　　□尚可　　□應改進

創意有心，讀者開心

http://first-creativecreation.blogspot.com/

創意有心，讀者開心

http://first-creativecreation.blogspot.com/